화산문고 에세이 시리즈

오늘은 술이 너무 달다

술은 언제나 달다
그런데 오늘은 더 달다
좋은 사람과 부딪히는 술잔엔
꿀을 담나 보다
술이 달다…
오늘은 술이 너무 달다

著者
정 용 갑

도서출판 화산문화

살아가는 것이 즐거우면 행복도 마음에 함께 가지고 산다고 했다. 자연스럽게 삶도 재미있고 아침에 눈을 뜨면 어제의 시름은 언제 잊어버리고 오늘의 하루가 기대되는 것이다.

누구를 만나고 누구와 떼거리를 하고 차 한 잔을 마시고 솔솔한 저녁 술시에 술을 한잔 할 때면 무엇을 먹는다는 것 보다는 누구와가 더 행복한 쉼표가 아닌가 한다.

저 멀리 어릴적 떠나온 남해 고향 친구가 보고 싶어 기차를 탔는데 몇 시간 내내 그 친구와 뛰어 놀았던 바닷가의 풍경이 머릿속에서 파노라마되어 돌아가는데 기차는 왜 이렇게 늦게만 달리는 걸까...

그 친구에게 조촐한 술 한상 차려놓으라고 했는데 술상에 놓인 술국이 식기 전에 도착을 해야 하는데 말이다.

개미지게 맛나지 않아도 되고 좋은 술도 필요하지 않은 그저 친구와 술 한 잔 친다는 그것만이 즐거울 뿐이기에 마음만이 바쁠 뿐이네.

글을 쓰려고 책상에 앉는 시간보다는 세상과 소통하고자 펜을 잡고 이바구저바구 적어 놓다보니 일상의 이야기가 사람들과 공유하는 사연이 되고 그 글들을 함께 하고 싶이 모아서 에세이집을 낸다.

글이란 것은 잘 쓴 글이 좋은 글만은 아닌 듯싶다.

주변의 살아가는 이야기를 독자에게 전달하고자 하는 알맹이가 담겨 있는 것이면 모두 훌륭한 글이 된다.

제3장 “벗님들의 이야기”에 동참해 주신 벗님들 감사합니다.

2024년 5월 井人 정 용 갑

- 차 례 -

제 1 장

제 2 장

제 3 장

제 1 장

여행가기 좋은 날에

배우와 관객

가끔 공연장 무대 뒤에서 관객 반응을 보기 위해
공연시간 내내 지켜볼 때가 있다.
배우의 말 한마디에 반응하는 관객이 있는가 하면
"그래 너는 배우니까 당연한거야!"하며 별 반응없이
2시간을 팔짱끼고 앉아 있는 사람들이 있다.
소위 [극쟁이]라는 사이에서는 김빠지는 관객이라고 치부하면서"저 사람은 뭔 재미로 세상을 살고 있을까?"라고 되묻고 싶을 때가 있다.
무대 위에서는 배우가 주인공이듯 인생에서는 "내가!"주인공이듯 타인이 내 인생의 조연으로 출연해 있으면 박수도 보내줄 줄 알고 때로는 조롱을 할 줄도 알아야 하는 것 아닐까?"

인생의 4막 5장에서 누구는 배우고 누구는 관객일 수 없는데
무대를 넌지시 지켜보았다가 슬며시 사라지는 관객을 볼 때
어릿광대의 춤사위는 슬퍼지는 것이다...

무대에 선 배우의 신명난 한판 놀이를 더 복 놓아 주는 것이
관객이 주는 최고의 찬사 듯이 열연하는 배우와 함께 마지막
5막 6장을 위해서 무대 위로 올라와 흥을 주는 관객들이었으면 좋겠네...

땡감도 떨어지고 익은 감도 떨어지고

올 때는 차례가 있다지만 갈 때는 차례가 없다고 한다.
중학교때 동네에 함께 살았던 후배가 한 달 전에 비명횡사했다는 전언을 듣자 가슴이 아프다...
나보다 두 살 어린 병철이란 친구는 구슬치기를 잘하여 동네의 구슬이란 구슬은 모두 자기 집 창고에 가득 모아놓고 동네 문방구보다 훨씬 싸게 팔았었던 맹랑한 친구였지!
그런 후배가 우리들보다 먼저 구적골을 갔다니 참으로 인생사 허망하기 그지가 없다.
그 친구 집에는 누렁 똥개가 두 마리 있었는데 어느 날 한 마리가 없어져서 그 친구 엄마가 동네방네 찾으러 돌아다니다가 한강 뚝방 아래에서 개 줄을 발견하곤 동네 아저씨들이 훔쳐다가 된장을 바른 줄 알고 범인을 색출하다가 아무도 범인이 아닌 것 같아 동네 얘들을 의심하게 된다.
그런데,
자기 아들놈이 주지도 않은 큰돈을 쓰고 다니는 것이 수상하여 아들놈을 잡아대기 시작했다.
"너 누렁이 한 마리 어디다 갔다 팔아먹었어?"
그 후배 엄마에게 하는 말...
"아빠가 늙어서 몸보신하라고 잡았지!"
엄마 기가 막혀 하는 말...
"이 애미는 생각 안나디?"
"엄마 줄라고 다리 한쪽 남겨 놨잖아? 부엌 선반에 걸어 놓았어!"

엄마 족 잡아 친다.
“그럼 돈은 어디서 났는데?”
“아빠한테 된장 값 받았지～～!!”

人生!
익은 감만 떨지는 것이 아니고 땡감도 떨어지니 사는 날까지 진실하고 열정적으로 잘 먹고 잘 놀고 잘 싸고 가입시다. 그것도 70mm 대형 총천연색 칼라 똥으로다～～쩝^^

멸치회

싱싱한 멸치회를 묵을라꼬 모였는데...
봄 멸치보다 더 맛있다는 가을멸치들이 오늘따라 김밥을 싸서 소풍을 태평양으로다 떠나는 바람에 아쉬운데로 홍어 삼합으로다 마음을 달랜다.
강 건너 멀리서 찾아 온 친구.
울 동네 강서수산물센터까지 걸어갔었는데 엔병~~
가는 날이 장날이라고...
"갑아! 기억나니?"
"뭐?"
"너 고등학교 때 삐짝 꼴아서 하복입고 무학여고 올라가는데 여학생들이 길을 안 비켜줘서 니가 외쳤잖아 생선이요 생선~~!!"
"스톱~~!!"
"그 여학생들 길을 비켜주면서 그랬지?
흥~~멸치도 생선이니?"
쓰벌넘!
친구 아프게 하는 건 꼭 나를 닮아요~~!!
너와 나는 유유상종에 오합지졸이다~~쩝^^

글을 쓰는 행복

내가 행복하기 위해서
나는 매일 누군가를 위해 글을 쓴다.
글 속에 내가 사랑하는 사람들이 꿈틀거릴 때마다
나는 행복을 꿈꾼다.
그리고 그것이 나를 행복하게 한다.
글을 받을 사람의 얼굴을 떠 올리며 말이다.

덕유산 일출을 품에 안고

토요일 아침!

친구의 전화가 빡세게 종친다.

비몽사몽 받지 않고 있으려니 작것이 쉼 없이 종을 쳐댄다.

클 태(太)에 종소리 종자를 쓰는 놈이니 오죽이 때려대겠어?

"아빠! 전화한 사람 성의가 있지 안 받으시면 매너가 아니지요?"

후와~~!!

내가 까놓은 새끼꺼정 애비 머리말에서 종을 치네요!

"야! @$%#$&$#@^^*"

문자로는 차마 적을 수 엄는 육두문자가 귀때기를 때려대니 잠이 벌러덩 깨어나고 새벽까지 부어대던 술이 다시 역류되어 올라온다.

"지금 니 집으로 갈테니 10분 안에 튀 나온다. 실시!"

전날의 숙취가 나를 아직까지 죽이고 있다.

샤워실로 들아가서 찬물 한바가지를 몸에 끼얹으니 흐미~~

가끔씩 일어나던 고추가 번데기가 되 버리네....쓰블!

대충 짐 챙겨서 잠바 걸치고 내려가자 마당에서 기다리던 사내놈 셋이서 잡아 먹을라꼬 덤벼든다.

그래 죽여라 죽여~~

내도 지금 술이 덜 깨서리 천당과 지옥을 왔다리갔다리 한다.

"저걸 그냥 살려가서 산에 올라갈 때 포터로라도 쓰자."

푸헐!

지들이 뭔 히말라야 원정이라도 가남?

포터까지 동원시킨다고 지랄들이네....

단풍놀이의 피크시즌인지 차 마이 막힌다.

막힐 쩍쩍마다 씨블팅들 한마디씩 짖어 댄다.

"저 인간 정시에만 나왔어도 벌써 정상에 올라 맑은 공기 마시고 있었을 것이다."

"그런 멋을 느끼고 있어야 하는데 이게 뭐고? 길에서 시간을 다 죽이고 있으니."

"삶의 여유를 빼앗아 간 저 인간은 반성을 해야 돼!"

조지나 탱이나 니들이 언제부터 삶의 여유를 풍얼하고 느끼고 살았냐고?

하는 말이 목구멍까지 나오지만 그랬다간 개죽음 될 것이 뻔하기에 참는다.

왜 참냐고?

내가 이놈의 인간들 인품을 진작에 알고 살아가고 있잖여?

가다 말다 가다 말다....

그렇게 덕유산 입구에 도착하니 정석이와 타조가 일번지 슈퍼 앞에서 기다리고 있다.

"살려서 왔네?"

헉!

생고기 몇 근과 먹거리를 사고 맥주 1박스, 소주 10병을 사면서 내 얼굴을 쳐다본다.

"안 모잘라?"

죄인이 주는대로 먹어야지 뭐...

주차장에 차들을 파킹을 해 놓고 짐들을 나눠 들고 정상가는 곤돌라를 탄다.

케이블카처럼 편안하게 가는 것이 아니라 이리 흔들 저리 흔들 스키장의 리프트와 똑같다.

아직도 머리에 종소리가 나는데다 곤도라가 흔들릴 때마다 속이 울렁거린다.

"이게 뭔 경고 표시인 줄 알아?"

정석이 곤돌라에 붙어 있는 경고판을 보더니 묻는다.

"뭔데?"

"저 인간처럼 뒷치기 전문인 사람은 이 곤도라에서 뒷치기 하믄 추락할 수 있으니 뒷치기 하지 말라는 경고 표시다."

"?"

"그 짓거리 하는 시간과 정상까지 도착하는 시간이 얼추 비슷하니 전문적으로 하는 인간에게 경고하기 위한 것이지...."

암만봐도 그런 표시가 아닌데 푯말은 그렇게 적혀있으니 고로코롬 해석해야지?

근데!

왜?

지랄이고!

인간이면 누구나 자기만이 좋아하는 체위가 있는 법이거늘 그걸 가지고 경고 표시까지 해 놓으면 난 뭘로다 인생을 즐기냐고?

우리의 미담가(또는 썰래바리 라고도 하지요) 태종이의 잼난 이야기 한토막이 나온다.

엄마, 아빠가 아이가 자는 사이에 한게임을 치루는데 아이가 눈을 뜨면서 묻더란다.

“지금 뭐해?”

“응. 니 동생 만들어 주려고...”

아이와 손을 잡고 길을 걸어가는데 새 두 마리가 붙어서 뒷치기 자세로 그 짓을 하고 있었다.

“아빠. 재들은 뭐해?”

“응. 강아지 만들려고!”

그날 밤 부부가 정상위로 게임을 치루고 있는데 아이가 주문을 하더란다.

“엄마. 나 동생 필요업고 강아지 만들어 줘!”

푸하하하!

정상에 도착하니 세상이 내 발 아래라~~

사방이 뻥 뚫린 덕유산에 오르니 가슴까지 시원해진다.

“우리 머물 산장은 어디야?”

“여기서 걸어서 20분만 가믄 된다.”

“어디로?”

“저 산 넘어서...”

헐헐헐!

눈 앞에 봉우리 한 개가 우뚝 서 있다.

디졌다!

짐을 손으로 들고 갈 수 없는 여건이므로 각자의 배낭에 짐을 나누어 넣는다.

다들 침낭이니 코펠이니 등등을 준비해 온 관계로 나만의 배낭이 홀쭉하기에 생수 몇 통, 소주를 모두 배낭에 때려 넣자 배낭이 꽤 무게가 나간다.

처음부터 가파른 계단이 시작된다.

“이렇게 20분만 가면 되는겨?”

“그렇다니까...”

까짓것 인생에서 20분 정도 고행을 한다고 생각하고 젖 먹던 힘을 내서 오르자 하던 생각도 잠시...

10분도 몬가서 힘이 부친다.

주저앉는다.

“쪼만 가믄 정상이고 그 아래가 산장이다. 다 왔으니 힘내라.”

언 놈의 이바구에 다시 일어나 힘을 낸다.

얼추 힘을 내고 걸으니 정말 정상이 보이는구만.

정상을 바라보고 또 잠시 쉬고 있는데...

내려오는 한 무더기 여자들 중 한명이 내게 악다구를 껍는다.

“정상이 바로 앞이예요. 조금만 더 힘내세요.”

누가 모르냐고?

나도 빨리 가고 잡다고...

몬생긴게 남에 인생에 참견하고 랄이고~~

짜증 지대로다!

향적봉!

드디어 덕유산을 점령하는 순간이다!

사통팔달 뻥 뚫린 산 정상에 오르니 고진감래에 감개무량이라. 남쪽으로는 지리산이 누워있고 서쪽으로는 계룡산, 대둔산이 있으니 가히 한반도의 중심이 아닌가 한다 .

잡목들 사이로 계단을 내려가니 향로봉대피소가 벌판에 자리잡고 있네.

일단은 시장기부터 채우기 위해 고기도 굽고 밥도 만들고....

근데 이 높은 곳에 물이 있을까나?

[샘터]

흐미 이름도 이뻐요!

150m라고 적혀 있어 병남이가 냄비를 들고 나선지 30분만에 온다.

"150m같은 소리하고 있네. 족히 500m는 될것같다...."

투덜거리는 소리에 옆 벤취에서 음식을 준비하고 있던 남자가 묻는다.

"물은 많이 나와요?"

"네. 아직 젊어요."

"?"

할 말을 못하고 조용히 냄비 하나를 들고 샘터로 향하는 옆

벤취 남자...

여기까지 왔으니 한바탕 구호를 외친다.

“대 선린...7313 동무들을 위하여!”

그렇게 우리는 덕유산의 저녁을 맞이하면서 술 한 잔의 여유와 어스름한 밤공기를 품에 안고 중년의 하루를 즐기고 있었다.

골프채

일요일!

따뜻한 봄날에 결혼식에 참석한 후 터미널 오는 셔틀 버스를 기다리며 친들 몇 명이 모여 야부리를 치다가 친구중에 한명이 내게 묻는다.

“너는 골프 왜 안치는데?”

“골프채가 엄어!”

“내가 골프채 하나 줄까?”

“그럼 고맙지^^”

“그럼 내일 화곡동으로 와라 내가 줄께!”

“고마워...차 가져가야겠네?”

“야! 골프채 가질러 오는데 뭔 차까지 가져 오냐?”

“골프채 가방까지 가져 올라면 차에 싣고 와야지?”

“골프채 한 개만 있으면 골프칠 수 있는 것 아니여?”

쓰블팅~~약 올리니?

“골프채 한 개 준다는게? 한 셋트가 아니라 딸랑 한 개 준다고 한 거야?”

“그럼! 골프채 한 개만 있으면 되는 거 아니냐고...”

옆에 앉아 있는 병철이가 어이없는 듯 하품을 하곤 한마디 던진다.

“너 화성에서 언제 왔냐?”

저걸 그냥 집에 있는 연습용 골프채로 뚜드려 패 말어~~!!

법정 스님(1932~2010)

“장례식이나 제사 같은 것은 아예 소용없는 일, 요즘은 중들이 세상 사람들보다 한 술 더 떠 거창한 장례를 치르고 있다. 그토록 번거롭고 부질없는 검은 의식이 만약 내 이름으로 행해진다면 나를 위로하기는커녕 몹시 화나게 할 것이다.”
[미리 쓴 유서]처럼 법정 스님의 삶은 간결하셨다.

‘무소유’를 통해 법정 스님은 불교계의 가장 대중적인 아이콘이 되었다. 당시만 해도 출가한 스님이 세상을 향해 수필집을 낸다는 건 과감한 도전이었다고 한다.
[다분히 세속적인 활동]으로 치부하는 절집의 눈들이 적지 않았기 때문이었단다. 스님의 에세이집과 법문집은 출간때마다 베스트셀러 목록에 올랐었다.
수행자의 구도심, 불교적 메시지, 수필가의 감수성, 현대작 언어가 맞물리면서 세상 사람들에게 가장 대중적인 불교 서적으로 다가 갔던 것이다.
스님은 서울 성북동의 음식점 대연각을 고 백석 시인의 연인이었던 김영한씨로부터 시주받아 97년에 길상사를 열었다. 길상사의 회주 자격으로 봄, 가을 정기법회 때만 법문을 했다고 한다. 법문은 늘 사회적 이슈와 마음의 향기를 동시에 겨누는 쌍권총이었다.
글쟁이답게 A4지에 빼곡하게 미리 준비한 법문 원고를 읽을 때면 길상사의 법당과 뜰까지 늘 1,000명의 대중으로 빼곡했었다고 한다.

법정 스님은 “아쉬운 듯 모자라게 살아라...“ ”더울 때 내가 더위가 되는게 순리다.”라는 그윽한 얘기부터 “주지 자리를 놓고 다투는 작태는 출가 정신의 부재에서 바롯된다. 가사 입은 도둑들이나 벌이는 짓”이라고 불교계 내부의 폐단을 통렬하게 지적하시기도 했다.

스님은 언젠가 봄날 이후 병이 깊어져 길상사 정기 법회에 나오지 못했다고 한다.

폐암으로 몇 차례 수술도 받고 제주도에서 요양도 하셨다.

몸이 쇠약해지신 후에는 서울 일원동 삼성병원에 입원하셨을 때 면회 온 주위 사람들과 대화하는 것도 힘들어하셨다 한다.

그때 병실 탁자에는 가수 노영심씨가 노란 종이에 적어 놓은 짧은 메모가 있었다고 한다.

‘문병객은 차분하게 오가고, 법정 스님을 위해 기도해 달라’는 부탁성 글이었다고 한다.

많은 이에게 법정 스님의 맑은 법문은 잠든 숲을 적시는 밤비 소리였습니다....

이제 그 밤비 소리가 자연으로 돌아갔습니다....

지하철과 함께 한 1일 문화여행

아들들 초등학교 시절 10월의 어느 날, 연휴 기간에 아이들 둘을 데리고 서울 곳곳의 문화거리를 다녀왔다.
아침 일찍 일어나 김밥도 몇 줄 싸고 큰 아이 좋아하는 유부초밥도 밥을 볶아 정성껏 말아서 가방에 챙겨 5호선 방화역에서 지하철을 탄다.
휴일이라서 그리 많은 사람이 없어서 차분한 마음으로 지나가는 역마다 역 이름의 유래와 지하철이 지나가는 동네의 역사를 이야기하며 종로 3가에서 지하철을 갈아탔다.
먼저, 조선시대의 유산이 그대로 보존된 3호선 경복궁역에 내려서 조선왕조 500년의 역사를 둘러볼 수 있는 고궁박물관을 둘러보고 근정전, 경회루를 관람한 후 민속박물관에서 우리 조상들의 찬란한 문화를 체험할 수 있었다.
다시 3호선 지하철을 타고 안국역으로 갔다.
인사동거리는 많은 내국인과 외국인들이 전통 문화가 살아있는 각 거리마다, 공방들마다에 삼삼오오 모여 우리 고유의 문화가 전시된 것들을 보고, 관람하고, 또 직접 체험하면서 신기해하기도 하고 재미있어 하기도 하며 조상들의 지혜를 느껴도 본다.
다음 코스는 남산 한옥마을을 향하기로 했는데 인사동에서 걸어서 움직이기에는 애매한 거리이고 내년이면 아이들도 중학교를 가기에 직접 지하철을 타고 자신들이 원하는 곳을 갈 수 있는 능력을 키워주기 위해 몇 정거장 되지 않지만 안국역에서 충무로역까지 지하철을 다시 탔다.

요즘 청소년들은 부모들의 차로 이동하는 것이 당연시 되어서 서울에 살면서도 대중교통편으로 자신이 가야 할 지역조차도 찾아가지 못하는 경우가 태반사이다.
나의 조카들마저도 대학을 입학해서까지 그런 경우를 볼 때면 안타까울 뿐이다.
남산 한옥 마을을 들어서자 어느 조선시대의 마을에 동네잔치가 벌어진 것 같은 풍경이다.
한복을 곱게 입은 아낙들은 떡 매치기를 하고 김이 모락모락 나는 인절미를 은쟁반 모서리로 열심 잘라내고 있다.
너무 먹음직스러워 손을 벌렸더니 인심 후하게 한주먹 건네주시는 아낙의 손길이 정겹다.
한 쪽에서는 장정들이 새끼줄을 열심 꼬고 있고 옛날 초가집에 얻는 이엉을 만드는 솜씨가 정녕 조선시대에 살다가 21세기를 찾아온 사람들만 같다.
정자에선 전이며 부침개며 지글지글 익어가는 냄새가 시장기를 발동하게 만들고 시원한 막걸리 한 사발을 권하는 지긋한 어머니가 시골에 사셨던 나의 노모를 생각나게 한다.
한 사발 받아 시원하게 목추김을 하는데 우리 꼬맹이들도 맛을 본다고 하여 표주박에 조금 받아 주었더니 맛있다고 잘들 마시네....
파전 한 접시를 얻어서 정자 귀퉁이에 앉아 집에서 싸온 김밥과 유부초밥으로 초등학생마냥 소풍 온 기분으로 점심을 먹고 서울 정도 600년을 기념하여 타임캡슐을 묻어 놓은 곳으로 갔다. 20세기 대한민국의 대표적인 것들을 모아 지하 땅속 깊이 보존했다가 서울 정도 1000년이 되는 2392년에 개

봉한다고 하니 참 대단한 역사의 현장인 것이다.
그렇게 한옥 마을에서 아이들이 쉽게 접하지 못하는 전통축제장을 나와 동대문역에서 1호선을 갈아타고 동묘역에 내렸다.
따사로운 오후의 햇볕이 동묘 돌담길에 내려와 연세 드신 어르신들이 옹기종기 앉아 오수를 즐기고 계신다.
그 길을 질러서 학창시절에 가끔 들러 희귀한 LP판을 구하러 다녔었던 청계천 도깨비 시장으로 갔다. 예전에 비하면 너무 초라하게 작아진 황학동 도깨비 시장....
그곳에 가면 불국사 석굴암도 구할 수 있었다고 했을 정도로 골동품이며 신기한 물품들이 많아서 하루 종일 다리품 팔면서 돌아다녔던 기억에 여기저기 기웃기웃 거리자 아이들도 신기한 듯 구경 삼매경에 빠져 있다.
"아저씨! 이거 어디에 쓰는 물건이에요?"
당근, 태어나서 처음 본 물건들이 태반이니 궁금하지 않을 수가 없지.
"와~~저것은 사회책에 나오는 건데? 아빠! 근데 왜 저게 여기 있는 거야?"
헉!
그건 혹시 도굴한 물품이 아닐까?
대답을 해 주려다가 그건 교육적인 답이 안 될 것 같아
"문화재와 비슷하게 만든 모조품이야." 라고 말을 해 줄 수밖에...신기한 물품들의 궁금증을 가득 남긴 채 길 건너 아이들이 좋아하는 헌책방과 문구, 완구점들이 모여 있는 동대문 방향으로 길을 건넌다.

큰 아이는 자기가 좋아하는 로봇트 등 조립품이 즐비한 완구점 앞에서 갈 줄을 모르고 눈이 휘둥그레 꿈쩍을 않는다.
다른 곳으로 데려가서 더 신기한 것을 보여주려고 큰 아이를 데리러 간 사이에 이번엔 작은 아이가 안 보인다.
어디를 갔나 찾으니 헌 책방에서 낡은 책 한권을 들고 나온다.
“아빠! 이것 짱구 만화책인데 1980년에 만든 거래....”
작은 아이는 정말 신기한 것을 발견한 듯 입을 쩍 벌린 채 다물 줄을 모른다.
하긴 작은 아이가 2000년생이니 자기 태어나기보다 20년 전에도 지금 자신이 보고 있는 짱구 만화책이 있었다는 것이 마냥 신기할 따름인 모양이다.
“그래서 그 책 산거야?”
“응. 재미있을 것 같아서 얼마냐고 물었더니 옛날거라고 그냥 가져가서 보라고 해서 가져왔어....”
헌 책방 아저씨 아이들에게 인심도 후하시지....
그렇게 도깨비 시장과 헌책방 골목을 돌아다니다 보니 도시에 어둠이 깔리기 시작한다.
다시 동묘역에서 1호선 지하철을 탔다.
시청역에 내려 시청을 끼고 돌아 청계천 광장에 도착한다.
7, 80년대 고도성장의 상징물이었던 청계천 고가도로가 철거된 지 벌써 몇 년이란 시간이 지났네...
참 세월이 유수 같다더니 벌써...
형형색색으로 변하며 품어내는 분수가 도시의 가을밤 정취를 살려준다.

분수에 맞추어 흐르는 클래식한 음악의 선율은 흡사 프랑스 세느강가의 어느 카페에서 흘러나오는 듯한 착각을 일으키고, 눈을 감고 감상하는 관객들의 표정 또한 아름다움을 만끽하는 듯하다.

두 아이의 손을 잡고 청계천변을 걸어본다.

결혼을 하고 아이들을 낳으면서 사는 것에 바빠서 저 두 아이에게 내가 그동안 무엇을 해 주었을까 하는 생각을 하니 갑자기 많이 미안해진다.

두 아이를 잡은 손에 힘을 줘 본다...

시원한 가을바람을 맞으며 걷다보니 종로 3가까지 왔네.

단성사, 피카디리 극장가 앞을 거쳐 5호선 지하철을 타는 곳으로 걷는다.

극장가 주변에 줄을 서 있는 포장마차군들...

나의 청춘의 덫도 많이 묻어 있는 곳이지...

그곳을 그냥 지나칠 나의 두 아들들이 아니지요.

천막 한 켠을 제치고 포장마차로 들어간다. 먹을 것 많네...

오뎅 한 그릇에 순대 한 접시, 떡꼬치 세 개...

문어발 두 개는 구워주세요!

맛나게 먹고 종로 3가역에서 오늘의 마지막 행선지 여의나루역으로 간다.

시간은 벌써 9시가 가까워지고 한강 고수부지에는 많은 인파가 모여 와글와글하다.

하늘에는 쏘아 올린 불꽃들이 펑펑거리며 화려한 수를 놓고 하늘 높이 쏟은 폭죽 하나씩이 터질 때마다 환호하는 사람들의 아우성과 즐거운 비명소리들이 강물을 따라 흘러간다.

그렇게, 우리는 푸른 가을날의 하루를 지하철을 타고 문화여행을 즐겼다. 늦은 시간 여의나루역에서 집으로 오는 길에 지하철 노선표를 펴 놓고 이야기를 한다.
서울의 지하철이 전 세계 도시 중 6위권이라는 이야기에 아이들은 자부심을 느끼는 모양이다.
“아빠! 내년에 내 탄신일에는 전철 타고 현충사에 가자.”
노선도의 맨 아래쯤에 있는 아산역을 가리키며 작은 아이는 내게 말을 한다.
작은 아이의 생일이 이순신 장군 탄신일인 4월 28일이기 때문에 자기 생일도 탄신일로 부른다^^
“그래. 내년에는 전철타고 현충사도 가고 오늘 가지 못한 몽촌토성, 수원 화성도 가보자.”
이번엔 큰 아이가 눈망울을 껌벅거리며 묻는다.
“아빠! 문산까지도 전철이 생겨서 세동이네는 지난번에 도라산역 갔다왔데요. 겨울 방학때 우리도 가요.“
“그래....우리의 소원인 통일의 관문 도라산역에도 가보자.”
거미줄처럼 놓인 서울의 지하철과 전철.
누구나 이용이 편리하게 구조화된 노선들과 현대화된 시설물들이 어린 아이들에게도 짧은 오늘의 하루가 즐거웠나보다.
“노선표 하나만 있어도 너희 둘이서 구리 사는 고모네 찾아갈 수 있겠지?”
“그럼! 우리가 뭐 어린앤가?”
푸하하하! 자식들 기특하게도 오늘 하루 동안에 자신감이 많이 붙었네....하루였지만, 아이들과 손을 꼭 잡고 부자간의 못다한 이야기가 있었던 보람있는 날이었다.

참 추운 겨울이네...

방한복입고 포천현장에 있어도 손발이 안으로 곱아지는데 어제는 동창 김정찬의 장인 장례식이 있다고 해서 집에 들어가서 양복으로 갈아입고 순천향병원 장례식장을 갔었네.
1년 전 용산 참사로 장인은 참사 때 사망하시고 정찬의 처남은 구속이 되어 어제 보니 장례관계로 잠시 출소하여 장례에 참여하고 있는 것이 안타까울 뿐이더구만...
대한민국이 이래도 선진 20G를 개최해도 부끄럽지 않은 나라라고 말할 수 있는가 모르겠지만 어쨌든 내 개인적으로는 부끄럽다는 생각이 드네...

작년 1월 안타까운 일이 벌어지고 1년여가 지난 어제 비로소 장례식이 치러지기 위한 모든 절차가 마무리되어 나라를 위해 충성한다는 쓰잘대기없는 여야 정치인들이 하루 이틀 사이에 모두 왔다 간 모양인데 참으로 한심하기가 그지없다는 생각이네!
그런 정치인들 대부분은 1층에서 문전박대 받고 갔다는 친구의 말을 들으면서 나라가 똑바로 서기 위해서는 군주가 솔선을 보여야 한다는 퇴계 이황 샘의 말이 기억나네...

오늘 추운 날!
동창회 총무 김용수도 바쁜 와중에 참석해 주어서 참 고맙군.
달랑 우리들의 고교동창 소모임 [고인돌] 친구들 몇 명 와서 빈소의 일부 지키고 있었는데 용수가 와서 자리에 참여하여 허름한 일부를 채워줘서 참 고마웠기에 감사를 드리네...

또, 불행스럽게 이권호 동창 빙모상을 당하여 정찬의 장인 장례식장인 한남동 순천향병원에서 흑석동 중앙대 병원으로 가야하는 용수 친구에게 밥이라도 한끼 먹여 보내려 했지만 왠놈의 동창 총무가 이런 일로 떠블이 되었는지 안타깝게도 그리 또 가야 할 용수의 성의이기에 내가 잡을 수 없었네...

그리 느끼네...
살아가면서 동창들 누구나 있을 일을 누구누구라고 말하지 말고 내 동창, 내 친구가 와서 나에 허전한 빈자리를 채워줘서 고맙구나...하는 생각을 갖는 마음을 가졌으면 하는 아쉬움에 이 늦은 시간에 글을 쓰게 되네.

마산항아!

마산 어시장 행사장으로 가는 시내버스를 탔다.
기사님 내리는 사람들마다에게 인사를 한다.
"가이소~~!!"
정겹다^^

다음 날,
NC파크 앞에서 버스를 탔다.
어제의 기사는 내리는 사람들마다에게
"가이소~~!!"
정겹게 인사를 하던데
오늘의 버스기사는 타는 사람들마다에
"오이소~~!!"
인사를 안 한다...
아침에 쓴 오이를 씹었나?
인사 좀 하믄 입에서 혓바닥 돋냐...
듣기 좋은 인사말이 좋으소~~^^

외할머니의 달걀 한판

나의 고향은 전라남도 끝자락에 있는 영암 영산강 줄기의 작은 마을 샘몰이라는 곳이다.

마을 중앙에 샘이 하나 있는데 그곳의 물이 좋아서 대대로 쌍둥이가 많이 태어난다고 하여 붙여진 이름이란다.

읍내까지는 걸어서 15리(6Km)로 나의 형님과 누님은 어린 시절을 그곳까지 걸어서 학교를 다녔다고 하니 참으로 보릿고개의 시절은 여러 가지로 부족함이 많았었다.

어릴 적 방학이 되면 어머니는 나의 작은 고사리 손을 잡고 함평 외갓집을 가기 위해 지금은 사라진 통통선이라는 디젤 연락선을 타고 목포로 가서 완행기차를 갈아타고 함평에 있는 '학교'라는 작은 간이역에 내려 20여분을 걸어가곤 했었다.

외할아버지가 서당 훈장님이시어 방학동안 천자문 공부를 하고 보름정도 외갓집에서 기거한 후, 집으로 올 때면 외할머니는 새벽에 나서는 꼬맹이 손자를 위해 달걀 몇 개를 삶아 주머니 여기저기에 꾸려 주셨다.

그러면 외할아버지는 읍내까지 마중 나오시어 새벽녘 문도 열지 않은 전빵의 문을 두드려 주인을 깨워 달걀 먹다가 채한다고 하시며 푸른색 칠상사이다 한 병을 사서 품에 안겨 주셨었다.

그것을 품에 안고 새벽 기차를 타면 새벽안개 자욱한 영산강변의 아름드리 쏟아있는 갈대밭을 지나가면서 어머니가 까주신 달걀 한입에 사이다 한 모금을 마시면 참으로 행복했었다.

지금도 목포 가기 전 '일로'라는 역을 가끔 가면 어릴 적 그 갈대밭이 그 자리에 그대로 세월을 지키고 있어 나의 유년시절이 담겨 있는 듯하다...

세월의 유수함이 지나 서울로 유학와 고등학교를 졸업하고 외할머니가 보고 싶어 외갓집을 찾았었는데 몇 년전 작고하신 외할아버지만 안 계실뿐 어릴 적 뛰어놀던 대한민국 레슬링의 메카 '학다리 중고등학교'(88올림픽 때 "빠떼루 줘야합니다!"를 유행시킨 그 빠떼루 아저씨가 학다리 중고등학교 레슬링 감독이었답니다^^)우리 이모 사시던 슬레이트지붕의 빈 농가, 외할머니를 따라 가면 항상 팥죽 한 그릇을 사주셨던 함평 오일장터, 할아버지가 새벽녘 깨우셨던 노포 전빵 등이 내 머릿속 남아 있는 그대로 파노라마처럼 펼쳐져 있었다. 국민학교(그때는)도 들어가기 전이니 참 시간이 빨리도 갔었던 것만 같다.

외할머니는 항상 머리에 흰 수건을 두르시고 논밭 일을 하시는 예전의 그 모습 그대로 훌쩍 커버린 손자를 버선발로 맞아 주셨고 할아버지가 항상 드셨던 일본 간장(왜간장)과 장작불에 살짝 구운 해후(김)를 내오시며 눈물 섞인 목소리로 내게 말씀을 하셨었다.

귀한 손주 놈 왔는데 할아버지의 눈치가 보여 간장 한 스푼 김 한 장 손자의 밥그릇에 올려 주지 못했었다며 수건으로 눈물을 훔치셨던 너무나 순수하신 시골의 촌로이셨다.

그러면서 내게 물으신다.

뭐 먹고 싶냐고...

그래서 말씀을 드렸다.
새벽에 나서는 제게 항상 달걀 몇 개를 삶아 주셨던 그 달걀이 먹고 싶다고...
할머니는 지그시 웃으시면서 부엌으로 나가시어 짚으로 정성껏 엮은 달걀 한 꾸러미(10개)를 들고 들어오셨다.
"이만큼 해주랴?"
"할머니 더 없어요?"
할머니는 말없이 다시 나가시더니 한참 후에나 들어오셨다.
양손에 달걀 두 꾸러미를 들고 말이다.
나중에 알게 되었다.
손자를 먹이기 위해 달걀 두 꾸러미를 이웃집에서 빌려 오셨다는 것을...
"다 먹을 수 있것제?"
고개만 끄덕거리는 손자를 방에 두고 할머니는 달걀 세 꾸러미를 들고 나가시어 커다란 솥단지에 달걀 30개를 넣고 군불을 때신다.
어릴 적 할머니 옆에서 아침마다 내가 했었던 것처럼 풍로(손잡이가 있어 핸들을 돌리면 수동으로 바람을 일으키는 기구)를 꺼내 돌린다.
바람 솔솔 불어 넣으니 달걀의 익어 가는 냄새가 찬서리 진 겨울밤으로 퍼져 나간다.
도란도란 외할머니와 손자의 이야기도 함께 익어간 그때의 겨울밤이 할머니만큼 그리워진다.
멀리서 야간 기차 기적소리가 난다...
심심산골에 살았던 나는 외갓집만 오면 멀리서 기적소리가 날 때마다 자다가도 벌떡 일어나 기차의 칙칙폭폭 소리가 사라질 때까지 창문에 기대어 있었던 기억이 난다.
"가차소리가 지금도 좋쟈?"
온화하게 미소를 지으시며 내게 묻는 나의 할머니가 오늘따라 더 보고 싶다^^

빨리 달걀이 먹고 싶어 열심히 풍로를 돌리고 돌리고...
그렇게 20여분 아궁이에 장작불을 지피고, 드디어 솥단지에서 김이 모락모락 피어오르자 할머니는 솥뚜껑을 여신다.
솥단지 속에 이쁘게 자리 잡은 달걀들이 옥구슬만 같다!
번쩍 들어 우물가로 나가 찬물에 달걀을 샤워시켜주니 뜨거운 김이 밤공기를 타고 동네방네로 퍼지는 것이 마치 물안개처럼 아름답다.
후와~~!!
찬물로 두어번 식힌 후 넓은 쟁반에 달걀을 담으니 꽉 찬다.
방으로 들고 들어가니 할머니는 찐 달걀 한 개를 까서 내게 주시며 맛있게 먹으라고 하신다.
'보기만 해도 맛나요^^'
세상에서 제일 행복한 얼굴로 우걱우걱 찐 달걀 3개를 허겁지겁 먹으니 목이 메 인 것인지 행복한 분위기에 메인 것인지 모르겠지만 어쨌든 기분은 날아갈 것만 같았다.
"어이구! 우리 강아지 찬찬히 묵어야제."
그러시더니 부엌문을 열고 나가신다.
할머니가 계시던 말던 열심히 까서 전투적으로다 먹어댄다.
그렇게 여섯 일곱 개 쯤을 먹었더니 목이 마르네...

물을 먹으려고 부엌으로 나가려는데 할머니가 들어오신다.
양손에는 푸른색이 선명한 칠성사이다 두병이 들려 있었고 할머니의 환한 웃음은 보너스로...
"진작에 사올 걸..."
할머니 집에서 마을 전빵까지는 걸어서 10여분 거리인데 손자를 위해 춥고 어두운 그 거리를 걸어서 다녀오신 것이었다.
나는 그것도 모르고 따뜻한 아랫목에 앉아 연신 달걀만 까먹고 있었으니...참으로 불량한 손자가 아니겠는가!
답답한 가슴 속으로 칠성사이다 한 모금이 넘어 간다!
정말 디~~지게 맛나다.
사막에서 만난 오아시스의 물 한모금도 이런 맛을 느끼지 못할 정녕 새 생명을 다시 찾은 느낌의 그때의 사이다 한모금은 지금도 생각하면 온 몸이 짜릿짜릿하다.
"네 할아버지가 생각난다..."
왜정시대에 일본에서 공부하셨다가 해방과 동시에 한국으로 돌아오시어 한학에만 전념하시어 집안일은 전혀 하지 않으셨을 뿐더러 식구들에게도 엄격하셨던 분인데 할아버지는 나에게만은 참 관대하시어 어디를 출타하고 오시면 양과자며 국화빵 등을 사오시곤 하시며 늘 칠성사이다 한 두병을 사다 주시어 종지그릇에 가득 따라 주시며 내가 마시는 것을 흐뭇하게 쳐다보시던 생각이 난다.
근데, 지금도 의문난다.
할아버지는 그 옛날 칠성사이다 맛을 아시고 사오셨을까?
아니면 손자 놈이 정말 맛있게 먹어서 늘 칠성사이다를 사오셨는지 말이다^^

양손에는 할머니가 까주신 달걀을 집어 들고, 커다란 국그릇 종지엔 곧 넘칠 듯 넘실~~넘실~~사이다가 담겨 있고...하지만 한편에선 또 다른 안타까움이 잉태하고 있으니 어쩌란 말인가? 그건 바로 점점 달걀이 줄어들고 있다는 것이지요!
30개나 됐던 달걀이 20개...열여덟 개...열다섯 개...
"너무 많이 먹는 것 아니냐?"
너무나도 맛있게 먹고 있는 손자가 이젠 걱정이 되시는지 할머니는 나의 얼굴을 쳐다보신다.
"한판 다 먹을거야!"
헉!
놀라시는 할머니는 뒷전이고 열세 개...열두 개...
칠성사이다 한 병은 빈병이 되어 방 귀퉁이에 뒹굴고 있고 개 눈 감추듯 사라지는 달걀은 껍데기만 남긴 채 어디론가로 사라져만 갔다^^
열 개...아홉 개...먹는 속도가 점점 무뎌진다.
"할머니 사이다!"
사이다 집으러 갈 엄두도 안나는 복부의 팽창함이 점점 과를 부르고 있는지도 모르고 입으로는 계속 달걀 한 알! 사이다 한 모금!
"그만 먹지 그러냐?"
까딱없어요! 남은 건 다섯 개!
트림을 하니 닭똥 냄새가 입안에 꽉 찬다.
하나를 더 까서 입안에 집어넣고 씹으니 고무줄 씹는 듯 맛을 모르겠다.
사이다 한 모금으로 입을 달래려는데...

잉? 사이다가 다 떨어졌네!
어찌하오리까?
짱구를 굴린다...
할머니에게는 달걀 30개 우습게 먹을 수 있다고 큰소리쳐서 30개를 삶아 주셨는데 남기면?
다시는 안 삶아주실 것 같은 불안함이 엄습해 오고...도저히 안들어 가는 뱃속은 또 어쩌고?
고민 고민 또 고민.....그렇지!
"할머니! 사이다가 다 떨어져서 남은 건 내일 사이다 사와서 먹을래."
짱구 굿이야!
그렇게 달걀 네 알을 남겨놓고 풍만한 포만감과 함께 할머니의 혼잣말을 듣는 둥 마는 둥 하면서 골아 떨어졌다.

다음날,
상큼한 아침 바람을 맞으며 일어나야 하는데 아직도 배는 빵빵하지요, 트림만 하면 닭똥냄새가 나는데다가 속은 부글부글 물 데울 때나 나는 소리가 난다.
"할미가 사이다 한 병 사다 놓았으니 달갈 묵어라."
나 일어나 남은 달걀 중 한 개를 벗겨 입에 넣는다.
"끄윽~~~~"
아! 닭똥냄새...폐부 밑에서부터 올라오는 역겨운 냄새가 입안에 가득 찬다.
사이다를 한 모금 마시자 사라진다.
견딜 만하네?

또 하나 달걀을 벗겨 입에 넣고 사이다 한 모금...
그렇게 남은 달걀을 사이다와 함께 모두 먹고 나니 어젯밤처럼 배가 부글부글 끓는다.
나 그날 하루 종일 재래식 화장실을 들락 달락 한 것은 견딜 수 있었지만 일주일 내내 입안에서 나는 닭똥냄새는 외할머니 집에서 보내는 동안 나를 괴롭혔었다.
그럴 적마다 마을 전빵에 가서 사이다 한 병을 사와 속을 달래고 했었던 그 시절의 사이다...지금도 속이 느끼하거나 매스꺼울 때 찾는 사이다의 고마움을 잊지 못한다.

벌써 30여년이 지난 이야기지만 외할머니 댁에서 전투적으로 달걀 한판을 먹어 치웠던 미련함의 원천이 지금은 달걀 3개 이상을 먹지 못하는 트라우마가 생겼다.
원인은 아마도 트림을 하면 뱃속에서부터 올라오는 닭똥 냄새가 아니었나 싶다.
근데, 신기하데...
왜 달걀을 많아 먹으면 닭똥 냄새가 나는 걸까?
사이다는 탄산이 들어가니 트림을 하면 사이다 고유의 맛나는 냄새가 나는데 말이야^^

타조의 잠 못 드는 밤

고도 1,600m 높이의 고지에서 하룻밤 만찬을 위해 디지게 죽도록 힘들게 바리바리 싸가지고 올라간 것을 산장 앞 벤치에 펼쳐 놓는다.

소주며 맥주, 대한민국 최고의 음식 삼겹살, 베이컨 햄, 알싸하게 익은 묵은지와 파릇한 향이 나는 겉절이 김치까지...

후와~~!!

저 많은 것을 언제 다 묵는댜?

한쪽에서는 이미 삼겹살이 구워지고 또 한쪽에서는 김치찌개의 뽀골뽀골 소리가 향적봉 능선을 타고 멀리 남도로 퍼진다.

"지화자!"

지랄방광 화냥년이 자지 말라고 보채는 소리가 연신 들리고 정석이의 이바구에 깔깔대고 웃어대는 중년의 목소리가 오늘 밤 덕유산에서는 더욱 청량하게만 느껴지고...

"비아그라를 넣은 콩나물을 사다가 국을 끓였더니 콩나물이 수그러들지 않고 빳빳하게 서 있는 거야.

그래서 남편에게 물었더니 남편 왈[조개 넣으면 디실거야]."

입만 열었다하면 우리의 기대를 저버리지 않고 잼난 이바구로 우리를 즐겁게 하는 정석이는 아마도 잼난 이야기가 머릿속에 들어있지 않고 입속에 담아 놓고 있나봐!

근께 줄줄이 나오는 것 아닌가벼요...

소주 10병?

병남, 정석 소주 두어잔이면 취사량이기에 10병도 많은 양인데 점점 줄어드는 빈 병을 보니 불안해진다.

모양은 산장처럼 생겼지만 대피소이니 술을 팔 리가 만무이니 다 떨어지면?

흐허헉 닝기리 짬뽕이네!

향적봉 1,600고지 아래 무주구천동까지 갔다 와야 되는겨?

누가?

당근 술 찾는 시끼가 갔다 와야 쓰것찌...

그럼?

나하고 뉴규?

후와~~

생각만 해도 끔찍한 사건이 될 듯싶으니 갑자기 머리가 아파진다.

'괜한 앞선 생각으로 술맛 떨어지니까 사건이 벌어지는 그때 가서 생각하면 되잖여?'

OK!

설상 그런 일이 벌어진다면 나만 안 걸리면 되잖여?

만약에 걸리면?

"배째"라고 함 되잖요?

푸하하하!

씨블탱이가 산속까지 와서 고영대처럼 꼼수나 생각하고 지랄이네...

"소주가 비었어요....소주 좀 주세요!"

한 때 한창 유행인 게임 속 캐릭터처럼 짖어댄다.

"하트가 엄어요....하트 좀 주세요. 네?"

"배째!"

지난 추석에 누나네 식구들과 대부도 쪽박섬 망둥어 낚시 갔더니 매형이 자꾸만 하트 좀 달라고 아우성을 치길래 내 캐릭터로 "배째! 배째!"연신 보냈더니 칼을 들고 내게 오더니 그러더라.

"하트 주기 싫으시면 배나 째세요!"

방파제에 쭈그리고 앉아 망둥어 20마리 배 째고 비늘 벗기고 손질하여 대령했더니 또 그런다.

"하트가 엄어요....하트 좀 주세요. 네?"

저 놈의 캐릭터 시끼는 원카드하면 백발백중 개털이 되고 말겨....하트밖에 모르잖여.

전 날 마신 술이 오늘 먹은 술과 위장에서 도킹을 했나?

더 이상 술이 받지 않아 먼저 일어난다고 말을 하자 언놈이 찍찍거리네.

"야. 갑이도 술늘 거부할 때가 있네?"

이런 땐 개그맨 양상국 버전이 딱이지~~!!

"그래. 나 술 거부할 때도 있다. 두주불사라고 매일 술 빠는 줄 아냐?

행사 촉박하면 밤새워서 리허설도 하고 큐시트도 짠다. 술꾼이라고 성룡처럼 옆구리에 호리병 차고 댕기면서 술 빠는 줄 아냐? 나도 가끔은 나의 위장이 쉴 시간은 준다. 근데, 그 것이 24시간을 몬 넘겨서 그렇지만..."

지리산 장터목이나 벽소령 대피소 같은 데를 가본 친구들은 잘 알겁니다.

쪼맨한 대피소 1,2층을 합해도 번호가 36번까지 밖에 안 나오는 협소한 곳이기에 더덕더덕 붙어 자야하는 환경이다.

나.

벌써 여기 온 사람들에게 미안해지기 시작하는 것은 나의 양심선언인가?

어쩌지?

딸랑 10초만 생각하곤 생각을 바꿔 버린다.

'나도 디지게 힘든데 지들도 힘이 드니 눕자마자 바로 잠이 들어 버리면? 몰것찌...."

2층으로 올라 내 번호를 찾아 자리를 잡고 눕자 전기 판넬의 온기가 온몸에 퍼져온다.

스르륵 잠이 들라고 할 때 언놈이 1층에서 끙지 발가락을 세운채 깨운다.

"왜?"

"술 짱박아 놓은 것 있냐?"

오호!

저 인간이 술 사러가야 쓰것구만?

"엄다!"

"분명히 10병 사가지고 왔는데 한병이 빈단 말이야. 니 배낭

속에 있을거야."

응?

아까 배게 삼을라고 배낭의 짐을 조근 조근 만지다가 뭔가 병처럼 생긴 것이 얼핏 손에 느껴지긴 했는데?

혹시 그것이 저 인간이 찾는 마지막 보루의 소주 일병?

음무하하하~~그럼 더욱 몬주지...

"다들 자기 배낭 뒤졌는데 안 나왔다. 분명 니 배낭에 있을 것이니 빨랑 내놔라."

"엄다니까요!"

꾸역꾸역 2층으로 올라오는 악당같은 놈!

지퍼를 열자 바로 튀 나오는 나의 사랑스런 소주 일병!

"인간아! 그렇게 살다간 간댕이 붙기 전에 내가 니 간부터 봐 줄란다."

"나도 내려갈게."

"시끄럽고요. 우리도 입하나 줄일랍니다!"

호랑말코 깐풍기 멍게 말미잘에 감긴 쭈꾸미 같은 시끼!

벌러덩 다시 누워 맛난 소 저녁 잠을 한방 때리니 정신이 조금 개운해진다.

시계를 보니 이제 9시....

"안잤냐?"

얼근한 표정으로 종호가 맨 먼저 들어온다.

"다 빨았수?"

“야 시끼야. 공동구역에서는 말 좀 순화해라. 빨았냐가 뭐냐? 찌끌어 불었다고 해야지....”

수협 몇 십년 근무하더니 뱃사람들이 쓰는 촌스런 말들만 어디서 배워가지고 댕기누만.

다시 개그맨 양상국 버전.

“그래 마. 내사 밤낮으로다 괴기만 잡으러 댕기다 이 나이 묵도록 혼자 산다. 니들이 뭐 내 혼자 산다고 우렁각시 한번 보내준 적인나? 그라지 마라. 이래봬도 나 니들이 가장 부러워하는 화려한 싱글이다!”

“니 옆에 자야겠다.”

응?

저 인간 지 무덤 파네?

“씻고 자야지?”

인생이 정석인 오~~정석!

여기까지 와서 하루쯤 안 씻으면 안 되남요?

“디러운 시끼들!”

푸헐~~

너나 깨끗이 딱꼬 주무세요!

그렇게 우리는 자리를 잡고 누워 이바구를 치고 있는데 산장지기가 올라와 우리에게 부탁을 한다.

“저...선생님들...”

우리 교편잡고 있는 사람들 엄다!

“예약하지 않고 오신 손님들이 계시는데 맨 끝자리 두 개만 내 주시면 안 될까 해서 부탁드리려고요...”

친구가 8명을 예약한 관계로 두 개의 자리가 비어 있었는데 그냥 우리가 쪼매 넓게 쓸라꼬 했더니만 그 자리까지 달라고 하네.

“왠만하면 밖에서 야영을 하실려고 했는데 날씨가 많이 추워서 손님들께서 부탁을 하시네요...”

어쩔 수 없는 것이 아니고 이런 경우는 백프로 허락을 해 줘야지 정석이 놈처럼 [안돼!]하면 몰상식한 인간으로 찍히기 십상이겄지?

근데,

그렇게 들어온 두 사람이 한숨도 몬자고 밖에 나가 밤을 새워야 했던 슬픈 이유는 계속 글을 읽으면 상상이 갈 것입니다요.

내일 5시 기상하여 일출을 보기위해 눈을 감는다.

맨 끝에 자리한 병남이가 먼저 잠이 들어 코를 고시네?

“야. 자리 바꿔!”

“에이씨. 너만 씨끄럽냐? 나도 귀 있다고....”

둘이 불불거리다가 종일 운전하고 온 태식이가 잉털을 부리자 정석이 자리를 바꿔준다.

“시끄러워서 잠을 몬자겄다. 그냥 디비자라~~”

그렇게 산속의 시간이 자나가고 새근대는 친구들 소리에 잠이 든다. 한 참 잠이 들어 나의 첫사랑 소연과 재회를 막 하려는데 누가 발로 찬다.

‘닝기리~~이 시점에서 잠을 깨우고 랄이고?’

눈을 배시시 뜨니 나와 나란히 누워있던 타조가 나를 향해 길게 누워있네?

그리곤 타조 옆을 보니 우리들이 양보해서 들어왔던 두 사람은 안 보이고...

기꺼이 자리를 양보해 줬더니만 잠은 안자고 어딜갔댜?

몰것다!

소연과의 만남을 위해 다시 취침 모드.

그 옛날 태릉의 솔밭 길 저 멀리 소녀가 달려오고 있다...

'아~~~나의 사랑 소연이...'

아야야!

또 누가 발로 찬다.

왕 짜증이다.

또 눈을 배시시 떠서 범인이 누군가 했더니 내 발 옆에 타조의 긴 발이 놓여있다.

흔들어 보았는데 반응이 엄다.

'이상한 짐승이네? 타조들은 원래 잠잘 때 동료들끼리 발로 차는 버릇이 있는갑지?'

그때 태석이와 정석이 사지를 떨면서 들어온다.

"어디 갔다오냐?"

나의 질문에 두 인간들 꼬나보면서 멘트 날리네.

"그냥 디비자라 잉~~"

분위기가 험악해진다.

뭐여 저 인간들의 불량함은?

“새벽 담배는 몸에 해로우니까 피지마라....”

“...”

뭔가 잔뜩 내게 할 이야기가 있는 듯싶은데 안하네?

안하면 말고!

이번엔 소연과 만나 두 손을 잡고 푸르른 솔밭 길을 마냥 뛰어 댕기다가?

기회를 봐서 뽀뽀 한번 해야징~~

오!

드디어 소연양이 내게 달려오고 있다...

‘오...빠!’

아야야!

또 다시 발을 걷어차는 타조의 발길질!

“야! 잠 좀 자자.”

은근히 짜증이 나서 타조에게 악다구리를 치는데 타조는 들은척 만척 잠만 잔다.

저 인간,

오늘 저 짐승을 오늘 오븐에 구워버려?

왜 소연과의 중요한 부분에서 파토를 놓느냐고요?

니가 하마깡 오현석이냐고?

[나의 고교시절 에피소드]에 소개된 적이 있었던 하마깡 사건!

고 3때 오현석을 데리고 나가 미팅을 한적이 있었는데 하마 현석이는 여학생이 마음에 들었었는데 그 여학생은 하마의 샌님같은 성격이 싫었는지 만나주질 않아서 중재를 해 줍 내하고 몇 날 몇 일을 전화질에 학교 앞까지 찾아갔었는데 하마 시끼는 내가 제대로 몬해서 그렇다고 학기 내내 나를 볶아 챈 적이 있었다.

하지만 타조야!

같은 동물과지만 하마는 너처럼 내를 육체적으로 고문을 하진 않았었따!

에잉~~

물이나 빼고 와야 쓰것다.

"너 나가면 몸조심해라!"

물 빼러 나가는데 내 뒷통수에 알지 몬할 말을 날리는 타조.

차가운 밤바람이 코끝을 스쳐가지만 향적봉을 향해 쏟아질 듯한 밤하늘의 별이 소연의 눈망울처럼 너무 이쁘다.

그 아름다움에 넋을 잃고 지척에 둔 화장실 앞에서 노상방뇨를 하니 더욱 시원하다.

그리고 돌아오는 길에 물 한 모금 마시려 취사실 문을 열었는데?

잉?

초저녁에 우리가 자리를 양보해 주었던 두 사람이 천원짜리 담요를 몸에 두르고 의자에 앉아 쪽잠을 자고 있네?

'재들 이상하네? 저렇게 잘라믄 뭐 하러 자리를 달라고 해? 있는 우리나 넓게 자게 해주징~~'

그나저나 오늘밤 소연은 제대로 만날 수 나 있을까나?

들어가 2층 내 자리에 다시 자리를 잡고 눈을 감는데...

타조가 이젠 노골적으로 발길질을 가한다.

“아야!”

타조 벌떡인나 새벽부터 날개를 쫘악~~펼치곤 내게 공격질이다.

“너 또 잘라고?”

“?”

“야! 인간아. 양심 좀 있어라.”

“?”

“너 이제 그만 자고 남은 시간에 우리들 좀 자자고!”

흐힉!

언제 서로 동맹을 맺었는지 태석 부스스 일어나 악다구리 친다.

“밤새 눈만 감고 있었더니 머리가 띵하다. 올라갈 때는 니가 운전해 쌰~~”

오우!

우리의 선비님이신 태석까지 쌰이라니?

“야! 정용갑. 이젠 니가 나가. 우리 잠 좀 자자!”

저런 오살놈이 있나?

다른 인간들이라믄 이해가 가는데 같이 코를 곤 병남이 니가 그럼 안 돼지?

"너도 같은 병과니 나가세요."

우리 그렇게 쫓겨나는데 2층에서 함께 잔 사람들이 한마디씩 하더라.

"이제 눈 좀 붙이겠네."

"범인이 내가 아니었구나..."

"울 아빠는 저 아저씨에 비하면 암 것도 아니네..."

그래!

인간들아 행복하게 남은 시간 잘 들 자라!

근데,

걱정이 하나 생겼다.

태릉에 홀로 둔 소연에게 AFTER를 안했는데 마냥 기다리고 있으면 어쩌지...쩝^^

슬픈 소녀!

다 저 타조 시끼 때문이야!

병남이는 다시 우걱우걱 버틴다며 다시 들어가는데 나는 도저히 용기가 안난다.

'그래 갑아! 졸다가 시궁창에 빠져 디지더라도 양심은 갖고 살아라....'

옷을 입고 밖으로 나오자 취사실에서 밤새 떨던 두 영혼까지 방으로 들어간다.

추운 밤 올마나 떨었는지 얼굴이 새파란 것을 보니 내 마음이...히히 웃겨 잉.

저 멀리 여명이 밝아오는 산자락을 감상하고 있는데 한 사람

한 사람 기상을 하고 밖으로 나온다.

"잘들 잤어?"

"넌 물어볼 자격도 엄다."

"타조야! 쪼매 잤냐?"

"야. 인간아! 나가면 어떻게 해?"

"왜?"

"밤새 너 땜에 자다 말다 하다가 정작 너 코고는 소리가 안 나니까 리듬을 잃어버려 잠이 안 오더라!"

저 인간 뭥미?

"내가 또 한 가지 잠 몬 잔 이유가 뭔지 알아?"

새벽의 허기를 때우기 위해 라면을 끓이는 물 앞에 다들 궁금해하는 표정으로 귀를 쫑긋 새운다.

"보통 사람은 아무리 코를 골아도 발로 차면 2~3분은 코를 안 고는데 저 인간은 발로 차도 바로 2~3초면 코를 고는거야. 시끄러워서 잠 몬 잔 것보다 저 인간 코고는 것 멈추게 할려고 주기적으로 발로 차느라고 잠을 더 몬잤다.

아후~~갑이 너에게 내가 졌다!"

"야 인간아! 그래도 살살 차야지 타조 앞발로 밤새 채여봐라. 이렇게 멍든다."

"어디?"

다섯놈의 인간들이 새벽부터 나의 사지를 한 개씩 붙들고 종아리를 걷어 올리고 난리 부루스를 칠 때도 여명은 거치고 힘차게 차오르는 일출은 우리의 중년 가슴에 안기고 있었다.

4살 때 나의 아들 자화상

때는 2002년 우리나라가 월드컵 4강을 이뤄 전 세계를 놀라게 했었던 과거로 돌아가 봅니다.

여러분은 그 당시 갓 기저귀를 졸업하고 화장실에 가서 엄마에게 응가의 뒤처리를 위해 엉덩이를 내 밀었을 그때쯤이 되겠지요?

지금 현재 여러분과 같은 반에서 날마다 맛난 점심을 나눠먹고, 쉬는 시간마다 서로 얼굴을 마주보며 이바구하는 정민재가 나의 작은 아들이랍니다.

그리고, 그 아이의 별명은 삼룡이고요....

그때도 이맘때 더위가 한 참 때인 어느 날 이었습니다.

회사를 갔다 와 현관에서 신발을 벗는데 삼룡이가 달려오더니 배꼽 인사를 하더니 신발도 벗기 전에 앉아보랍니다.

“왜요?”

“아빠 빨랑 앉아봐!”

현관 앞에 쪼그리고 앉았습니다.

그러자 삼룡이는 두 손을 기도할 때처럼 모으더니 외칩니다.

“쿵쿵따 쿵쿵따....”

헉!

“아빠 빨리 따라해 봐!”

따라합니다.

“쿵쿵따 쿵쿵따....”

“쿵쿵따 쿵쿵따 잠자리!”

“쿵쿵따 쿵쿵따 이발소!”

"?"
"왜요?"
"아빠! 리인데 왜 이발소야?"
헐~~두음법칙이 너무 어려웠나?
"아빠가 틀렸으니까 내가 다시 시작한다?"
"네!"
"쿵쿵따 쿵쿵따 디지몬!"
몬?
어렵네....
"쿵쿵따 쿵쿵따 몬소리!"
적당한 단어로 맞나? 쪼맨한 놈이 알겠어? 몰것따!
"쿵쿵따 쿵쿵따 이발소!"
우와!
이놈의 아들놈이 배운 것 바로 실전에 투입시키는 능력을 발휘해 버리네?
"쿵쿵따 쿵쿵따 소세지!"
"스톱!"
"뭐에요?"
"아빠! 어려우니까 생각 좀 하고..."
"그러세요."
한 참을 생각해도 생각이 안 나는 모양이다.
그때 한 살 위 형 삼봉이가 나타나 훈수를 둔다.
"지렁이 있잖아!"
"맞다. 쿵쿵따 쿵쿵따 지렁이!"
"쿵쿵따 쿵쿵따 이발소!"

"스톱!"

"또 왜요?"

"아빠 벌칙이야! 왜 나온 말 또 해?"

자식이 TV를 제대로 봤구만.

"알았어요. 벌칙으로 뭐?"

"내가 노래하면 아빠는 춤추기!"

나, 그날 삼룡이에게 게임에 져서 양복도 벗지 못한 체 두 아들 앞에서, 그것도 유치원밖에 안 댕기는 쪼맨한 아이들 앞에서 막춤으로 재롱을 피웠답니다....

호기심 많고 엉뚱한 구석이 있는 작은 아들의 성장을 바라보면서 늘 흐뭇한 미소를 짓는 즐거움이 나의 활력소가 될 때가 많아서 먼 시간 속으로 여행을 떠나보았습니다.

삼룡이의 급우 여러분 부모님께서도 여러분의 얼굴을 볼 때마다 지난 세월에 담겨져 있는 나의 딸, 아들의 아름다운 추억을 기억하실 겁니다.

그럴 때마다 엄마, 아빠를 한 번씩 꼭 껴안아 줘 보세요.

나도 모르게 뭉클한 가슴이 전해지는 순간과 눈 이슬이 맺히는 순수한 감정이 살아난답니다. 삼룡이 친구들 싸랑해요!

나의 호관

井人!

2010년 입적하신 지리산 천은사 주지 천간 스님께서 내게 지어주신 호관인데...

목마른 사람에게 늘 그 자리에 머물러 생명수가 되라는 뜻이다...그런 짓거리 하면서 내가 살아가고 있는지 늘 뒤돌아보며 살고 있긴 한데 몰것다만~~ㅠㅠ

지리산 천은사는 비구니승들이 도량을 넓힌 후 큰 절로 내사하는 곳인데 천간 스님과 마주 앉아 차 한 잔 내오라고 하면 동자승보다 조금 더 자란 낭낭 18세 정도의 스님이라고 부르기엔 약간 어중간한 작은 보살이 발자국도 사뿐사뿐 걸어와 단아하게 차를 내린다. 그러면서 그 보살 항상 하는 행동이 입술을 우물우물 했는데 그 입술이 얼마나 붉고 진한지 그 모습을 바라보고 있노라면 참 행복했었다...

어느 날, 그 동자승 입술을 내가 빤히 바라보고 있는데 천간 스님 내게 멘트 날리신다.

"정인! 우리 아기 입술 닳겠네..."

쩝~~^^

그후 절에 찾아들면 그 아이는 나만 보면 얼굴이 빨개져 도망치곤 했었는데 그때는 입술이 더 붉어져 예쁘기만 했었다.

벌써 20여년 전이니 그 아이도 벌써 30대중반은 됐을 터...

지금쯤 비구니가 되어 어느 량사에 들었을까...

아니면 그 예쁜 입술에 반한 멋진 사내를 만나 속세에서 잘 살고 있을까~~^^

가난한 아들과 어머니

아주 옛날의 이야기입니다.

장님인 어머니와 가난한 아들이 살고 있었습니다.

어머니는 너무나 가난해서 평생 쇠고기를 먹어 본 적이 없었습니다. 아들은 효자였지만 어머니에게 쇠고기를 사다 드릴 수가 없었습니다.

그러던 어느 날,

어머니가 병으로 누워 이제는 거의 가망이 없다고 생각될 무렵, 어머니는 쇠고기나 한 번 먹어보고 죽으면 좋겠다고 아들에게 말하는 것이었습니다.

아들은 쇠고기를 살 돈이 없었습니다.

아들은 고민 끝에 우물가 수체에서 큰 지렁이를 잡아 그것을 요리해 드렸습니다. 어머니는 그 지렁이를 쇠고기로 알고 아주 맛있게 먹었습니다.

다음날 어머니는 한 번만 더 먹으면 당신의 병이 나을 것 같다고 말하는 것이었습니다. 아들은 너무 슬퍼 더 이상 어머니에게 지렁이를 드릴 수가 없었습니다.

아들은 자기의 허벅지에서 한 근 정도의 살을 도려내어 요리해 드렸습니다. 그것을 먹은 어머니의 병세는 완전히 호전되어 가고 있었습니다.

허벅지에서 살을 떼어 낸 아들은 걸을 수가 없었습니다.

그런데 어머니는 또 다시 그 고기를 한번만 더 먹으면 자기의 병이 완전히 나을 것 같다고 말하는 것이었습니다.

아들은 한 쪽 허벅지에서 또 한 근의 살을 떼어내어 어머니에게 요리를 해 드렸습니다.
어머니는 완쾌되고 아들은 죽었습니다.
아들은 죽음으로, 자기의 희생으로 어머니에게 효를 다한 것입니다. 효를 최고의 가치로 여기던 우리나라에는 이와 비슷한 일화가 꽤 많습니다.
우리의 전통 사회에서 효는 절대 선이었기 때문입니다.

한 선비가 있었습니다.
아버지가 돌아가시자 묘 앞에 묘막을 치고 삼 년간을 무릎 꿇고 앉아 아버지를 애도하는 삼 년 묘막생활에 들어갔습니다. 그때 임진왜란이 일어났습니다.
나라에서 군에 입대하라는 명령이 내려 왔습니다.
그러나, 그 선비는 내려오지 않고 삼 년을 아버지의 묘 앞에서 지냈습니다. 임진왜란이 끝나고 이 사건이 선비사회에서 문제가 되었습니다.
'孝가 우선인가 忠이 우선인가'
오늘날, 우리들의 사고방식으로는 죽은 이 앞에서 삼 년 동안 생활 할 수 없는 일이지만 그 당시에는 이 문제가 그리 간단하지 않았습니다.
인륜도덕에 뿌리를 내린 효의 정신에 의해 나라가 유지되는 것인가, 우국충정으로 가득찬 충의 정신에 의해 나라가 유지되는 것인가. 효가 큰 개념이냐, 충이 큰 개념이냐, 이 문제는 쉽사리 해답을 내릴 수 없는 난제였던 것입니다.
'효라는 최고의 가치, 또는 목적을 위해 아들은 어떻게 해야 하는가.'

자기의 허벅지에서 살을 떼어내고, 눈오는 날 산속을 헤매면서 약초를 구하고, 온 정성을 다해 입신양명하는 모습을 부모에게 보여주려 노력하는 효라는 목적을 이루기 위한 자기희생적인 수단은 역시 아름답게 보입니다. 그렇게 헌신적으로 효도하는 모습을 보는 모든 사람들은 그 아들의 정성을 칭찬하게 될 것입니다.
즉, 목적도 아름답고 그 수단도 아름다운 것입니다.
여기에서,
그와 다른 경우도 생각해 볼 수 있습니다.
어머니의 병을 고치기 위해 다른 사람의 허벅지에서 살을 떼어 오고, 다른 사람이 산 속에서 캐어온 약초를 도둑질해 오고, 자기의 입신양명을 위해 경쟁자를 모함한다면, 그것은 자기 부모에게 효도하려는 좋은 목적을 위해 결코 칭찬받을 수 없는 나쁜 수단을 쓰는 것이 됩니다.
목적이 아무리 아름다워도 그 수단이 아름답지 않으면 전체적으로 선하다고 할 수 없습니다.
회사를 발전시키자.
선진 기술을 따라잡자는 것이 우리들의 목적인 것은 사실입니다. 그러나, 그것을 이루기 위해서는 어머니를 위해 허벅지에서 살을 떼어 내는 것과 같이 우리들의 희생과 노력이 필요합니다.
그럴 때만 우리들의 목적이 선이 될 수 있고, 또 모든 이들로부터 칭찬을 받을 수 있는 것입니다.
기술료를 주지 않고 남의 기술을 훔치는 일, 남의 사업자에 들어가 몰래 사진을 찍는 일, 이런 것은 그 수단을 잘못 선택

한 것입니다.
우리는 이제 목적도 선이고, 수단도 선이어야 하는 사회에 살고 있습니다.
개인 일도 그와 같고 회사일도 그와 같고 나라일도 그와 같은 것입니다.
우리는 아름다운 목표, 아름다운 꿈을 가지고 있습니다.
그것을 위해 우리들의 수단도 아름다워야 할 것입니다.
인류 사회에 공헌하는 것이 우리의 꿈이라면 우리의 행동도 인류 사회가 공유하는 질서와 법규에 따라야 할 것입니다.

[질라래비 훨훨 - 제 2부 상생의 원리 中에서]

나 아니라고^^

30여년전 이야기입니다.
기관지가 좋지 않아 병원에 보름정도를 입원한 적이 있었습니다. 퇴원하고 집에서 요양을 하고 있는데 누이께서 기력을 회복하라며 인삼, 녹용등 한약재가 20여가지 들어간 “개소주” 2개월분을 티백으로 조제해 오셔서 아침, 저녁으로 먹게 되었습니다. 아침 식후 한 봉지를 먹고 전철로 태릉에서 을지로3가까지 출근을 하는데 아시다시피 한약재가 냄새가 진합니다. 거기다가 뱃속에서 발효까지 되니까 변냄새도 찐한 한약 냄새와 개고기 특유의 야릇한 냄새가 썩여 아주 독한 향을 내게 되더라구요.
어느 날이었습니다.
지하철 1호선 전철 출근 시간.
아비규환 만원인 전철을 타면서부터 속이 더부룩하더니
끝내는 방귀가 나오려는 듯 하였습니다.
두 번까지는 꾹 참아 보았지만 인내의 한계에 다다른 세 번째...드디어 사건은 벌어지고 말았습니다.
발 디딜 틈 없이 가득 찬 사람들 속에서 옆 사람들의 눈치를 보면서 소리 나지 않게 한방을 발사...그리고 침묵...
내가 발사해 놓고도 너무 심한 냄새가 역겨웠는데 다른 사람들은 어떨까! 즉각, 옆에 서있는 여자가 내 얼굴을 한번 힐끔 보더니 손으로 코를 막으며 얼굴이 일그러지면서 다른 한손으로는 손부채질을 해대기 시작했습니다.
“아이구, 이런! 이거 큰일 냈구나” 싶은 생각에 나는 얼굴을 태연히 하면서 그 아가씨와 똑같은 행동으로 대응을 했습니다. 또한, 여자의 반대편의 내 또래 정도 되는 남자도 내 얼굴을 쳐다보며 인상을 쓰는 것이 아닙니까!

“이대로 있다가는 완전히 범인으로 몰려 이 험악한 분위기에서 몰매 맞을 것” 같은 생각이 머리를 스쳐 지나갔습니다.

그때, 머리 속에 나를 원망하듯 쳐다보고 있는 그 남자의 얼굴과 마주치는 순간.“그래! 그거야” 회심의 미소 잠깐. ‘이 위기를 벗어나기 위해서 너를 물고 가자.’ 하는 생각과 함께 나도 오만가지 인상을 쓰며 그 남자의 얼굴을 쳐다보며 더욱 빠른 손놀림으로 코에 부채질을 해댔다.

지독한 냄새 때문에 독이 오를 때로 오른 주위의 사람들이 내 얼굴의 시선에서 점점 그 남자의 얼굴로 시선이 모아지고...

그 남자의 얼굴이 굳어지기 시작하더니 이내 빨갛게 달아올라 창피 속에 파묻힌 얼굴로 변해갔습니다.

나 역시도 더욱 뜨거운 시선으로 그의 얼굴을 파고들었다.

그렇게 한정거장을 지나갔습니다.

그 남자의 빨개질 데로 빨개진 얼굴. 따가운 시선을 더 이상 참을 수 없는 듯 그는 끝내 원망 가득한 시신을 나에게 남기며 뒷걸음쳐서 내리지 않을 역에서 하차를 하고 말았다는 것 아닙니까.

문이 닫히고 출발하는 전철 창문 밖에서 그는 “너! 두고 보자.”라는 듯 나를 쳐다보는 그를 프렛홈에 남겨 두고 “아이고 그 젊은이 냄새 지독하네!” 하는 어느 아주머니의 말을 들으며 나는 유유히 출근길을 무사히 갈 수 있었습니다.

3월 3짓날

오늘은 3월 3짓날...
코로나도 끝나고
강남 간 제비들도 돌아 왔는데
둥근달 캬바레 제비들은
언제나 돌아 올라나～～～쩝^^

6월의 첫날에...

"초여름"으로가는 길목에서
'나'를 둘러싼 '만남'들을 가만히 생각해봅니다.

지금 나의 곁에는 누가 있는지...
내 맘 깊은 곳에 누가 있는지...

눈감으면
떠오르는 얼굴들...

지난 세월에나는 어떤 만남과
동행(同行)'했나 돌아봅니다.

생각만 해도
가슴이 따뜻해지는 이름 석자...

6월도
늘 건강하고
행복했으면 좋겠다~~^^

가을타는 남자들의 [가을 소풍]이야기

가을바람이 살랑살랑 사내의 어깨를 흔들어 대길래 남녘 하늘 푸르름에 이끌려 서해 바다로 [가을 소풍]을 갔습니다.
길거리마다 보랏빛, 노을빛, 빨강쟁이 해바라기가 첫사랑 소녀의 치맛자락같이 펄렁이는 가을 빛깔이 참 고운날에 아직은 싱싱하다고 믿고 사는 중년 놈 넷이서 웃기지도 않은 아재 개그 찍찍대면서 해벌래 거리면서 길을 떠난다.
하늘 뭉개구름이 자꾸만 따라 오길래 오른쪽으로 피하고 왼쪽으로 피해도 자꾸만 우리를 쫓아온다.
언놈이 그런다.
"어디로 숨을까?"
숨어봤자 손오공 놈이 삼장법사 손바닥 안인데 뭘 숨냐고 지저귀는 놈은 누구야?
그놈이 손오공이징~~
바다에 도착하면 먼저 고기 좀 구워먹고 저녁에는 별이 쏟아지는지 밤하늘 보면서 별도 보고 바닷가도 걸어보고 또 물빠진 갯벌에 나가 해구질도 하며 깨끗한 조개 좀 건져 올려 내일 아침 시원한 조갯국을 끓여 먹자고 거창한 계획을 세워놓았는데...
헉!
등심이 뒷집 순이 엄마 젓가슴보다 더 부드럽네요~~
그 맛으로다 원샷!!
삼겹살이 쫀득쫀득...총각시절 백남 나이트에서 만났었던 시청 공무원 누나의 조갯살 같은 맛에 또 원샷!!

동구밖 과수원길 입구에 핀 해바라기가 활짝 피었다고 원샷!
그러다 보니 소주만 10병...
맥주병도 중간에 낑겨 있는 것이 보이는지 마는지 가물가물..
낚시고 뭐고 기똥차게 짜 놓은 계획은 그냥 계획일 뿐 언제 짠냐고 아주아주 아리마~~~~쎙 깠습니다!!
"낼 아침에는 일찍 인나 바닷가 갈대밭 산책이나 하자!"
누가 시부리는지 모르겠지만 너만 지키세요^^
오!
근데 두 사람은 정말 지켜서 시원한 바닷바람에 상큼한 공기를 마셨는지 아침부터 생기발랄한데 떨거지 두 놈은 아침에도 비몽사몽 육갑 칠갑산이네~~
멸치에 바지락 넣은 아침 해장국을 들이키니 해장 술 한잔해야지? 밥을 소주에 말듯이 해장 술 한 잔 들어가니 속이 시원해진다^^오늘도 아침부터 달려 봐?
안되징!
운전하는 친구에게 미안하잖여...
일말의 양심이라도 갖고 살아가야 인간다운대접 받으니 "점심 때 이후나 이슬이는 만나자!"라는 각오를 하니 마음이 넘 슬퍼셔 잉~~!!
"낚시 가자!"
외쳐도 돌아오지 않는 대답들...
그럼, 낚시채비 챙겨 온 나만 짱구인겨?
쭌구야!
여기 짱구 하나 더 있다^^
그 짱구는 맹구 친구 쭌구의 친구래요~~^^

이종사촌 여동생이 운영하는 통나무 펜션이다보니 더 신경써서 뒷정리를 하고 나오는데 막내 여동생이 외삼촌을 모시고 나타난다.
"엄마 갖다 구워드려라~~!!"
후와!
깨끗이 손질한 우럭 6마리를 챙겨 주시네요.
역시 노모 공양하고 사니 자다가도 떡이 생기넹~~^^
고마운 인사드리고 2년전 우리 협회 가수이자 동국대학교 음대 교수이신 임부희 가수 노래비 제막식을 해 드렸던 [개화예술공원]에 들러 홍남파, 남진, 나훈아, 패티김 등 기라성 같은 가수들의 노래비와 "꽃"의 김춘수 시인, 김소월, 김유정 작가들의 시비를 구경하고 또 기념으로다 남길 사진들을 열심히 박고 어제의 한들한들 해바라기길을 거슬러 올라간다.

"윤숙이 안녕!"
저 놈의 애편네 홀에 손님이 꽉차 똥오줌 몬 가리고 혼자 뺑이치고 있느라고 아는 체도 않는다.
AC~~~
오늘도 셀프로다 안주 주는 대로 받아 갖다 먹고 우리 알아서 냉장고에서 술 꺼내와 다 먹은 후 자리에 놓인 술병 수량 이야기해 주고 돈까지 주고...우리는 술만 마시고 저 애편내는 우리 돈을 날로 먹어 늘 억울했는데 오늘도 그렇게 먹을 수밖에 엄다.
억울하냐고?
억울하면 오지 말라고 하니...그것이 더 억울하고...

어쨌든 오늘도 그렇게 마시고 주머니에서 먹은 만큼 돈 드리고 나가야지요~~!!
오늘은 [가을 소풍]도 갔다 왔겠다 기분이 좋아 싸인펜 잡은 김에 술집 맨 가운데 벽에 시 한수 치는 싸비스까지^^

[남도 친구]

친구!
자네가 보고 싶어
무작정
아침을 나섰는데
벌써 해가 떨어지고 있네.

친구!
자네 계신 곳이 그리도 먼가?
그냥
저녁 술상이나
조촐히 차려놓게...

그렇게 가을타는 남자 넷이서 [가을 소풍]을 댕겨 왔습니다.
인생!
살아가는 소중한 시간들입니다.
가족, 형제, 부모님도 모두 중요하지만 가끔은 나를 위한 시간을 만들어 "나에게도 선물"을 주면서 살아갑시다^^
가을타고 소풍갔다온 친구들아 겨울 소풍은 어디로 갈까요?

가을비 내리는 날에는

하루 종일
가을을 부르는 비가 내리네...
북한산 자락
허름한 선술집 처마 아래에서
떨어지는
빗소리 들으며 옹기종기 앉아
허벅지 살짝 드러낸
주모의 권주가 한곡조 들으며
막걸리 한잔치면
세월이 저물어도
허전하지 않을 것만 같네.

콩나물국밥

2년 선배와 콩나물국밥에 술 한 잔 하는데
속이 안 좋아 잠시 나갔다 온다.
"안주에 건데기 먹을게 엄다!"
"선배님! 그러면 제가 조금 전에 게워낸 것 중에서 콩나물만 좀 골라 올까요?"
그 말에 선배 오바이트하더니 이상한 눈으로 나를 쳐다보고 사라진 후 나하고 술 한 잔 하자는 소리를 더 이상 안하신다...
그 세월이 벌써 30년 전 이야기지?
그 선배 지금은 콩나물국밥 자실라나~~쩝^^

각서

"우리 모두는 졸업후 취직을 하면 돈을 모아 구들장을 세로 놓아드릴 것을 약속 또 약속합니다. 정용갑 외 6명"
뭐냐고?
말 그대로 이행약속 각서였지^^

고3때 중간고사시험이 끝났다고 보라매공원 후문 앞에 사는 세현이네로 가서 찌들어가는 청춘을 불사른다.
세현이 방이 좁아서리 아버님도 어머니도 아직 퇴근을 안하시어 안방을 점령하곤 바로 카세트의 뮤직을 큐~~!!
그 당시 나이트클럽의 최고 음악 빌리지 피플의 "YMCA"를 쉰나게 틀어놓고 까까머리 일곱이 흔들고 뛰고...또 흔들고!
그렇게 30분을 지랄발광을 했더니 아랫목 구들이 쏘옥 내려앉아 버리네?
후와~~
걱정도 잠시...
이왕 내려 앉은 것 어쩌라고?
이판사판 놀던 것 마저 놀아버려~~!
그렇게 지치도록 놀고 있는데 그날따라 아버님이 일찍 들어오시어 세현이 방으로 철수하여 집에 갈 준비를 하는데...
"모두 집합!"
올 것이 왔구나!
"오늘부터 엄마 아빠는 어떻게 자라고?"
"..."

"정용갑 말해봐!"
"고쳐야지요..."
"니들이?"
"아버님이요..."
"니들이 고장내 놓고 내가 고치라고?"
"저희는 공고생이 아니라 상고생이라서..."
"상고생들은 때로들 댕기믄서 친구네 구들장이자 아작내도 되는겨?"
"..."
"구들장 고쳐야 하니까 돈 있는데로 꺼내봐."
당근 아무도 몬내놓지요!
왜?
돈이 엄으니까!
세현이네 들어올 때 몽땅 털어서 라면과 달걀을 사와서 때려 먹었으니까^^
아버님.
세현이에게 종이와 볼펜을 가져오란다.
"지금부터 부르는데로 적는다. 실시!"
선원 동시 "실시!"
그렇게 해서 쓰게 된 각서!
그 사이 어머니도 퇴근하시어 아버님의 일장 훈계를 듣고 있는데...
"얘들이 놀다가 그런걸 꼭 받아야 쓰겠어요?"
"이놈들 냅모레면 사회 나가 돈 별텐데 꼭 받아야지. 암만!"
"세현아! 가게가서 두부도 몇모 더 사오고 동태도 몇 마리 더 끓여야 쓰것따. 아빠한테 혼났으니 배라도 든든해야제..."
그런 어머니가 오늘 이승을 떠나셨네요.
늘 인자하고 배려심 많으셨던 엄니가 우리 곁을 떠나시니 마음이 많이 서글픕니다.
부디 좋은 곳으로 가시어 극락왕생하시기를 기원합니다.
엄니 안녕히 가세요...

아버님의 각서 실천했냐고?
아버님도 잊어 버리셨는지 아직까지 말씀이 없으시고 지금와서 내놓으라 하시면 공소시효 만료됐다고 배째라고 해야징...

기러기들

가을밤 풀벌레소리 고요한 밤에
왜 몬 따라오냐고 악다구리치는 희석 기러기...
잘 따라가고 있는데 잔소리 한다고 엉기는 완희 기러기...
모로가도 서울만 가면 된다고 궁시렁치는 태규 기러기...
얼만큼 가면 쩝^^할 먹이 있냐고 게기는 갑이 기러기...
쫌만가믄 다왔다고 뒤에서 뻥 구라치는 쭌구 기러기...
달무리 진 남도 바다에 길게 누운 달빛이
아롱져 가는 새벽을 깨우고 있다~~^^

깔치 이야기

고등학교때 동네 친구들과 을지로 계림극장가서 야시끄리 애마부인 한편을 때리고 기분 삼삼하게 버스를 타고 Going홈을 하는데 버스 끝부분의 의자에서 여자 혼자 꾸벅꾸벅 졸고 있다.

한양대학교 앞에서 덕수상고 쪽으로 거의 90도 각으로 우회전을 하는 찰라 그 여자가 바닥으로 그대로 고꾸라진 것이다.

얼마나 그것이 웃겼는지 친구들과 박수를 쳐대며 박장대소를 했더니 그 여자 얼마나 쪽이 팔렸으면 다음 역에서 내리고 말더라...

우리는 그 사건이 그냥 그대로 쫑이 난 줄 알았는데?

어느 날 동네 형들이 그날의 때거리들 한놈도 빠지지 말고 뚝섬유원지로 오란다.

그리곤 영동대교 밑으로 갔더니?

잉?

우리에게 버스 안에서 쪽이 팔렸던 그 여자가 동네 형들과 같이 있넹?

"자기야! 저 새끼들 맞아!"

그 여자 말 한마디가 끝나자마자 주먹이며 발길질이며 몽둥이질이며 돌팔매질까지 숨을 쉴 시간도 엄이 정신줄 놓고 교회당 뱅뱅 도리도리 돌 정도로다 얻어 터졌다.

히유~~~~~썅!

그 년은 울 동네 캡장의 깔치였었따~~~~!!

龍이 승천하려나?

후와~~~
왠 놈의 비가 여름 내내 오나요....
울산에서 사랑 나눔 빛 축제 기간에 그렇게 오더니 서울 올라오니 근 한 달 동안 비가 안 온날이 손에 꼽을 정도다.
바닥에 업드려 있던 이무기들이 떼로다 용이 되어 승천하고 있기 때문인가?
그럼 나도 승천할 군번이 되는데 나는 왜 날개가 안 생길까?
아직 이 땅에서 할 일이 남아서?
아님 옥황상제의 미움을 받고 쫓겨나서 부름을 받지 몬해서 일까?
우리 작은 놈 말 만 따라 순수한 이슬이(처음처럼)만 먹어서 헬랠래 발랠래 되어 집은 잘 찾아오는데 승천하는 길을 찾지 못해서 인지도 모르지....

2박 3일 동안 홍천강에 견지대를 들이 웠건만날마다 처마로 떨어지는 빗소리만 들은 채 텅 빈 살림망을 끌고 강가에 자리한 허름한 강태공 집에 늘어 공싸 술 한 잔을 친다.
촌로 묻는다.
"뭐하는 인사요?"
"예....그냥 바람이나 쐬려고 왔어요...."
"괴기를 잡을라면 괴기들하고 교감을 해야지 하염없이 비만 내리는 하늘만 바라보며 낚시대를 채면? 승천하는 이무기가 안 도와주지...."

"어르신은 그럼 승천하는 이무기를 보신 적이 있으세요?"
"그람! 지금도 한 떼가 올라가고 있구먼...."
그 말에 처마 밖으로 고개를 내밀어 하늘을 쳐다보자 촌로 그러신다.
"공짜 술 한 잔 주고 내가 농 한거여."
"언 놈이 제 이름 속에 용용{龍}자가 들어서 제가 가는 곳마다 비를 부른다고 하는데 그 말이 맞나요?"
"그런 소리 듣고 잡지 않으면 오늘같은 날 젊은이도 저 이무기들과 함께 승천해부러...."
"지금 올라가는 이무기들에게 어르신께서 부탁 좀 해 주시면 안되요?"
"뭐라고?"
"저도 좀 데리고 올라가라고요."
촌로, 한참을 밖을 바라보더니 이내 돌아와 내게 이바구를 하신다.
"자네는 안된데!"
"왜요?"
"휴가철이라서 음주 단속이 심해서 안 된다."
"저 딱 한 잔밖에 안마셨잖아요?"
"그럼 한 잔 더 혀..."
빈 사발에 농주가 한 가득 부어지고 그걸 또 원샷으로 치자 촌로 회심의 미소를 짓는다.
"왜요?"
"자네는 이제 용이 되어 승천할래야 할 수가 엄어."
"대체 왜 저는 용이 못되어 승천을 할 수가 엄다는 거지요?"

"왜냐면?"

"..."

"나하고 오늘밤 주거니 받거니 술친구 해야 허니께!"

나 그날 밤 식구들 기다리는 펜션을 눈앞에 두고 굽이굽이 흐르는 홍천강 강물 소리와 쓰러져가는 양철지붕 처마로 내리는 빗소리를 원없이 들으며 공짜 농주에 취하여갔다.

친구야!

당분간 비가와도 어쩔 수 엄다는 걸 이해해라....

이해 안 되면 이해하도록 노력하고!

그래도 이해 도저히 몬하면...말고!

근데, 나는 이 글을 써 놓고도 이해가 안 간다.

당최 먼 소린지...

의인의 요절과 악인의 장수

의로운 자는 이르게 죽더라도 안식을 얻는다.
영예로움은 장수로 결정되지 않고
살아온 햇수로 셈해지지 않는다.
짧은 삶 동안 완성에 이르렀기에
그는 오랜 세월을 채운 셈이다.

죽은 의인이 살아 있는 악인들을,
일찍 죽은 젊은이가
불의하게 오래 산 자들을 단죄한다.
장수하는 악인들은 의인의 이른 죽음을 보고
냉소하지만 오히려 주님께서 그들을 비웃으신다.
장수하는 악인들은 나중에 수치스러운 송장이 되어
죽은 이들 가운데서 영원히 치욕을 받을 것이다.

소리조차 지르지 못하는 그들이
바닥으로 내동댕이 치어 지고 완전히 쇠망한 채
고통을 받으며 그들에 대한 기억마저 사라질 것이다.

중간

고2때 영어 학원 다닐 때
열심히 칠판에 설명을 한 다음
강사가 내게 묻는다!
"정용갑! 알간 모르간?"
"중간!"
대답했다가 학원에서 바로 짤렸따~ ~쩝^^

평강공주를 찾아서

희석이 마음처럼 착한 온달장군이 평강공주의 치마폭에 싸여 평생 바가지 긁히며 살았다는 아차산에 오르니 여자의 기가 너무 쌘 듯 아낙네들이 훨씬 더 많이 등산을 왔네요...
작년 종친회에서 시산제를 올릴 때 한번 따라왔다 용마산 헬기장까지 포기하지 못하고 종중 형님들 등살에 올라갔었던 죽음 직전의 경험으로 자신감을 갖고 등산을 했는데 오늘은 새로 구입한 등산화의 위용으로다 많이 편하게 등산을 오를 수 있었다.
중간쯤의 돌무더기들이 약간의 고난도였을 뿐 관악산 마당바위에 비하면 처녀 젖가슴 첫 정복의 인내심과 옆집 순이 엄마 젖가슴 등정처럼 편한 정복의 차이라고나 할까나~~^^
그래도 자고 나니 종아리 알밴 건 마찬가지여!
알배건 처녀 젖가슴 정복의 희열이 아니고^^

짱구의 뒷걸음을 쫓아가다보니 벌써 아차산성의 팻말이 보이네...
'오를만 하니 정상이네?'
이런 건방떨 생각조차도 몬하는 경력의 소유자가 감히 머릿속에 떠오르다니...
'까불다가 병남이처럼 헬기 탄다^^'
아차산 일출을 맞이하는 봉우리를 거쳐 아차산성을 돌아가자 산악회장님.
"밥 먹고 합시다!"

제일 듣기 좋은 소리징～～!!
근데, 내게는 이렇게 들린다.
'막걸리 한잔 칩시다^^'
얼마나 반가운 소리여^^
완희 동작 빠르게 정상 아래 숲속으로 내려가 자리를 잡는다.
돗자리를 깔고 언제나처럼 각자가 준비해 온 음식을 펼쳐놓으니 숲속의 만찬상이 그득하다.
일단은 막걸리 한잔 때리자!
후와～～
막걸리가 청송막걸리처럼 송송 얼었넹!
따르니 얼음도 함께 잔속으로 떨어진다.
흐미!
입속으로 들어간 것이 가슴을 타고 내려가던니 온몸을 적신 후 다시 대가리고 솟구쳐 오르니 머리가 찡～～하다.
김밥은 사 온거고 홍어는 회장님이 시흥시장에서 특별 주문해 온거고 고추, 오이, 참외는 조물주 위의 농장주인 완희가 직접 재배, 수확해 온것이고 부추전은 또 누가 가져 온건데.
여러 여자의 손이 거친 것 같아 잉～～
한 여인이 부추를 재배해 준 것을 또 다른 한 여인이 부추를 손질하여 밀가루에 반죽해서 받아 놓은 것을 오늘 아침 산에 간다고 하니 제3의 여인이 아침 일찍 일어나 즉석 부쳐서 가져온 것이니 얼마나 정성이 담겨져 있겠어요?
우리 가장 정성들인 음식 부러워 한 입에 먹지 몬하고 손바닥 반만 한 것을 열조각으로 쪼개 먹었답니다.
올라갈 때는 즐거운 먹거리 시간을 위해서 무거움을 참았지만 내려갈 때는 다 비워야지...
막걸리, 소주, 상일이 감탄하며 한 입만 달라고 해도 안주며 혼자 맛나게 먹은 맥주까지 탈탈터니 배낭도 가벼워졌는데?
배불러 걷기가 힘드넹^^
용마산으로 Going하려는 것을 나 같은 어린 양을 위해 산악대장님 계곡 길로 꺾으시네요.
Nise~~~!!
장마철 맞아?
계곡에 물 한방울보이지 않는 황량한 여름산이 참으로 적막하게만 느껴진다.
힘이 들어 마을 버스를 탈려고 했더니 20분후에나 출발한다고 하여 걸어 걸어서 큰길로 나오니 "나는 자연인이다."에서 사는 사람들이 문명세계를 만난 것처럼 반갑다.
'오늘은 오랜만에 고교시절의 짱개빵을 추억하며...'
짱개빵으로 돌격~~!
영원한 안주 탕수육에 양장피 푸짐하게 시켜놓고 있으니
아~~우리 벌써 중년의 아재지?

"짬뽕국물 안주 2개 추가!"
우리 오늘도 요놈의 새끼들로다 맥주와 소주 인원수의 3곱 이상으로 때리고 8월 산악회 야유회는 산은 산이되 등산이 아니고 계곡에서 [알탕 축제]를 하자고 합니다.
우이씨~~
산에 오를려고 등산화를 샀더니 계곡가면 아큐아 슈즈를 신어야 하니 새로 산 등산화에게 미안하잖여~~!!

참!

오늘 착화식 몬했으니 8월 야유회때 세 등산화 술잔용으로 가져가면 되것구나^^

오늘 평강공주는 만나지 몬했지만 끈적끈적한 동무들의 사랑과 신뢰를 담아 또 하나의 중년의 하루를 즐겁게 보냈습니다.

채원이

조카딸이 의논할 일이 있다고 자기 집에 잠시 들르란다.
들어가자마자 손주 두 놈이 반갑다고 엉긴다...
"밥 먹자!"
자기 엄마의 목소리는 허공속으로 사라져 버리고 온 집안이 쑥대밭이 되든 말든 지들 알 바 아니다.
"할아버지 식사하시게 조용히들 좀 하시지?"
그 말에 두 놈들 밥상 앞에 앉는다.
쩝쩝~~거리면서 맛있게 먹자 손녀딸이 나를 빤히 쳐다보며 묻는다.
"할부지! 많이 먹으면 울 아빠처럼 배뚱땅 된다!"
"할아버지는 많이 먹는 게 아니라 잘 먹는거야~~~!"
"많이 먹는데?"
"잘 먹는다고..."
"아냐! 할부지는 많이 먹는거야!"
아우~~
이걸 그냥 꿀밤 한대로 해결해버려?
"할아버지는 잘 먹어서 이렇게 건강한거야. 그러니 채원이도 밥 잘 먹어야 이 할아버지처럼 아주 건강해 진단다."
"아냐! 나 뚱뚱한 것 싫어~~~!"
어우 저걸 그냥!
나 통통한 건 인정해도 뚱뚱하진 않거든?
"너 채원이! 아빠가 더 뚱뚱해 할아버지가 더 뚱뚱해?"
참나!

여섯 살과 먼 대화가 이렇게도 진지할까...
"음..."
한참을 생각하더니 드디어 결론을 낸다.
"그래도 할버지가 안 뚱뚱해~~!!"
이서방!
너 지금 근무시간이지?
나에게 의문의 1패 당한것 아냠~~^^
"채원아! 그니까 할아버지는 절대 많이 먹는게 아니고 잘 먹는거야...알았지?"
"응. 알았어!"
그러더니 자기 스스로 밥상에 앉아 수저를 든다^^
표현의 미란 이런 것이 아닐까?
나 같이 할버지는...
많이 먹는 것이 아니고 잘 먹는거야~~쩝^^

오줌

우리 중학교 시절 10원에 하루종일 만화방이 있었지...
근데, 그 집에는 화장실이 엄어서 오줌보가 터지기 직전까지 만화책을 보다가 나오곤 했었던 청춘의 시절이었다.
사건이 난 그날도 오줌보가 폭발하기 전까지 만화책을 보며 게기다가 집에 와서 화장실을 가려는데 울 동창 고교동창 은 경환이 닮은 옆방의 골초 아저씨가 화장실에서 안 나오네...
"아저씨! 적당히 끊고 나오라니까요."
"야. 임마 나도 끊고 싶은데 안 된다고. 니가 들어와서 끊어 주던가."
AC~~드러워.
내 똥도 디러운데 내가 니꺼까지 왜 끊어 줘야 하냐구요!
할수없이 집 밖에 나와 쓰레기통에 실례를 하려 하는데
오우!
누가 갖다버린 연탄재가 놓여있네...
아직 불이 조금 남아 있으니 저기에 쉬야를 하면 이 추운 한 겨울에 고추도 얼지 않을 것 같아서리 바로 발사!
잉?
갑자기 이건 뭔 냄새야?
덜 꺼진 연탄재에 오줌 누어 본적 있어?
연탄재와 오줌의 콜라보레이션은 더럽고도 쾌쾌하고 머리통이 깨질 정도의 기분 나쁜 암모니아 향기와 붉으스래한 연기가 올라오며 꼬리꼬리 냄새까지를 만들어 더덕더덕 붙어사는 주택가를 삽시간에 똥치거리 동네로 만들어 버린 것이었다.

우리 옆집 아줌마부터 연탄집게며 부짓갱이며 심지어 부엌칼까지 손에 손에 무시무시한 무기 하나씩을 들고 나오는 찰라나 6시간이나 참은 오줌발 급하게 끊어 재끼고 바로 옆 골목으로다 죽어라 튄다.
“어떤 쌔끼야!”
“어떤 놈이 연탄재에 오줌을 누운거야? 확 짤라 버리기 전에 안 나와?”
후와~~
나오면 짤라 버리시게?
2시간이나 옆 동네에서 숨었다가 배가 고파서 집에 들어오니 누나가 밥을 차리고 있다.
“용갑아! 글쎄 어떤 놈이 내가 갖다버린 연탄재에다가 오줌을 싸서 동네가 난리를 났었다? 우리 집도 그 냄새 때문에 추운날 문 활짝 열고 2시간이 환기 시켰잖아. 그 새끼 나타나면 이 가위로 짤라 버릴거야!“
쩝~~그래서?
니 동생 거세되면 좋것냐?
이 누님아!
글게요...
내 오줌발 성능 아직도 쓸만하지렁!

십전대보탕

“저희 아저씨보다 두 살 더 많으시네요...”
“아저씨 도둑놈이네! 어떻게 30대를 데리고 살아?”
한의원 간호사 디럽게 좋아한다^^
“나는 몇 살로 보여?”
방금 침 맞고 나온 족히 70은 먹어 보이는 아줌마가 내게 묻는다.
“한참 오빠한테 반말하면 안되지!”
“어머. 오빠 미안해!”
곰방 오빠랜다!
“너 계속 오빠한테 반말하면 원장님에게 왕침 놓으라고 한다?”
“아이 무서워!”
참나!
침 맞으러 왔다가 별 씨부렁 짓거리를 하고 있다.
“얼마야?”
“네 사모님. 40만원이요!”
헐~~
먼데?
더럽게 비싸네.
“동상 뭐야?”
나 그 아줌마에게 묻자 십전대보탕이란다.
이름만 들어봤지 지금껏 맛도 못본 것을 한 박스 주문하였구만~~쩝^^

"오빠! 한번 먹어볼래?"
"그래도 돼요?"
"아잉! 동상한테 존댓말을 하고 그래..."
참나!
진짜 동상이 된 것처럼 이 아줌씨 웃기네!
그러더니 열 봉지를 꺼내 내게 건네준다.
"아니. 맛만 보자고..."
"나는 많으니까 오빠도 이거 먹고 무릎 빨리 나야지!"
헐~~
"고맙습니다."
누가 뭐 꽁자로다 주면 나는 왜 존댓말을 쓸까나?
"오빠! 내일은 몇 시에 와?"
"응? 으응...3시!"
나 지금 뭐 하는거니?
70대한테 낚인거야?

작가들의 이바구

"합니다~~"
"하면 됩니다~~"
"너 해봤어~~?"
친구 병철이가 관악산에서 만난 아줌씨에게 한 소리가 아니고... 故 정주영회장님의 말씀^^

일단 해 봐야지 하는~~실천정신!
박영선장관의 아이템이 나와 같은 것이 많긴 한데 실질적인 아이템이 없다.
당장!
5개월안에 해결 되는 것~~
전국적으로 부모덕에 놀고 먹는 족이 너무 많다는 것!
그런 사람들 부모는 다 연로하고...
갑질을 일삼는 대부분의 집주인들!
특히 아파트 쪽도 많으나 대체로
젊은이들 돈뺏어 먹는(?)연립주택업자들!
원룸 고시텔 업자들이 너무 많다~~ㅠㅠ
따라서 정당한 수입이 되고,
정당히 노력하여 돈벌어 집세 낼 수 있는 그런 바람직한 환경을 만들어야 하는데 답은 있다~~!!
즉, 대형 건물지어서 1달 월세가 15만원이 되게 하는 것...
가능하냐고?
하물며 돈도 더 많이 벌 수 있습니다!

지금 원룸중 화장실 한개로 2~3명쓰는 곳도 많고 고시원은 30명이상이 공동샤워 공동취사 화장실 공동사용 '코로나가 안 걸리기가 힘들다~~'
따라서 최소 고시원 규격으로 월세15만원씩 받고 금연 강제 교육 등 안전 교육 조건, 이수 조건으로 입주시키면 근로자나 학생들이 버틸 수 있고 그의 부모들이 견딜 수 있다!

"아직 한국은 멀었다~~~!!"
"가진 자와 없는 자~~~"
"가졌다고 갑질하는 집주인들!"
바로 내 옆에 존재하고 그의 자식들도 대물림 받아서 편히 일하지 않고 산다!
그러니 국가가 비만해지고 병도 생기고 국가 의료비만 늘어나게 된다!

어머니와 짧은 여행

내 나이 벌써 마흔 하고도 아홉 살이 됐습니다.
서울 올라 온지도 어언 37년이란 세월이 흘러 중년에서 낼 모래면 장년이라는 꼬리표가 붙는 나이에 그저 자식들 뒷바라지에 여유를 갖지 못한 채 여념 없이 살아가고 있습니다.

나의 고향은 전라도 영암 벽촌 끝자락이어서 지금도 읍내에서 버스가 하루에 3번 밖에 들어가지 않는 산골마을입니다.
내가 어릴 적 우리 형님은 읍내 국민학교까지 거리가 15리나 되어 비오는 날은 논둑길 옆 논농사용 물을 보관하는 보(조그만 웅덩이 같은 것)에 일부러 빠져 버리곤 '옷을 망쳤다'고 집으로 돌아오는 날이 많았었습니다. 그런 모습을 보실 때마다 어머니는 '오죽이 학교가 멀었으면...' 하시며 그러려니 넘어가시곤 했었습니다.
내가 국민학교를 들어가고 근 1학년을 마쳤을 때 어머니는 과감하게 외가집으로 이사를 하셨습니다. 어머니 딴에는 어린 막내가 책보를 짊어지고 누나, 형 따라 그 먼 길을 오가는 것이 마음에 걸리셨었나 봅니다.
일찍 사별하신 선친께서 남겨 놓으신 것이라고는 논 발떼기 두어 마지기에 초가집 한 채 전부를 정리하고 도회지로 나왔으니 그 가치라는 것이 겨우 네 식구 하루 먹고 살기 빠듯한 살림살이였을 것입니다.
다행히 형과 누나는 외할아버지 덕분에 광주라는 큰 도시로 유학을 가 학업을 계속하게 되었고 나와 어머니는 외가집 부억 방에 살림을 풀고 살 수 있었지요.
날마다 죽어라 일해도 살림이 피지 않는 것이 남의 집 소작농이기에 2학년 2학기 올라갈 즈음 어머니는 함평군 내 5일장을 쫓아다니시며 김이며 마른 새우, 멸치 등을 장터 한 귀퉁이 길바닥에 펼쳐 놓으시고 하루 종일 쪼그리고 앉아 장사를 하시곤 돌아오시곤 하셨습니다.
바람 한 점 막을 수 있는 천막 하나 없이 그렇게 고단한 삶을 영육해 오신 나의 어머니.....
그러다가 우리 마을 5일장이 돌아오는 날에는 아침에 어머니는 '학교 파하고 장으로 오라'고 하면 교실 창밖의 종소리만을 기다리던 아련함이 지금도 기억이 납니다. 한달음에 달려가면 하루벌이 다 모아서 국화빵에 번데기를 배불리 사주시곤 하시던 때 묻은 내 어머니의 손마디 마디들이.....
다행스럽게도 나는 학교에서 인정해주는 우등생쯤이어서(초등학교까지는....) 교장 선생님 이하 모든 선생님, 친구들에게 사랑을 받았습니다. 그런 보람으로 살아가는 낙을 삼으셨는지 어려움 속에서도 힘든 내색을 나에게 비쳐 본적이 없으셨던 것 같습니다.
어릴 적부터 책 보는 것을 좋아했던 내게 어머니는 늘 그 만족을 채워주지 못하시곤 해서 가끔 외할아버지를 졸라 동화책 한권씩을 사곤 했는데 그것을 할머니에게 들키는 날에는 '먹을 것도 없는데 무슨 책이냐!'시며 씨벌겋게 종아리 맞고 일주일 동안 부엌에서 풍로(바람을 일으켜 불을 강하게 해주는 것)를 돌리며 벌을 받곤 했었던....정말 그때는 세끼 밥 먹는 것이 삶에서 가장 중요한 목적이라고 생각했습니다.

저녁에 장에서 돌아오신 어머니께 울면서 고자질(?)하면 어머니는 마음이 아프신지 그냥 꼭 안아만 주시던 기억들.....
그런데, 어느 날부턴가 5일마다 동화책 한권씩이 어머니 손에 들려오기 시작했습니다. 할머니에게 부짓갱이로 죽도록 맞은 다음 날부터인 것 같습니다.
그렇게 몇 번 동화책을 가지고 오시던 어머니께서 어느 날은 그냥 빈손으로 오셨길 래 어린 마음에 "기다렸는데....."하자 어머니께서는 미안한 표정으로 내 얼굴을 만지시며 "오늘은 비가 와서 장이 못서서....."라며 말끄리를 흘리시며 고개를 돌리시던 나의 어머니.
어린 나는 그것이 어떤 영문인지 몰라 '왜 어머니께서 오늘은 장을 안가셨을까?' 서운한 마음을 가졌던 철부지 아이였었습니다. 그러던 내가 어머니의 동화책 한권의 따뜻한 사랑을 알게 된 것은 겨울 방학이 되어서였습니다. 겨울에도 5일장은 여전히 서고 어머니도 역시 고단한 일상을 하루 종일 장터에서 보내시고...바리바리 동여매고 쌓으신 채로 눈보라치는 장터 구석에서 건어물 몇 가지 놓고 자식을 위해 고생하셨던 모습이 지금 내 나이 보다 더 젊은 나이셨을 어머니를 생각해 보면 목이 메여옵니다.
장터를 좇아나가기 5일째 날, 전남 나주에 가면 [다시]라는 조그만 간이역이 있는 마을의 장을 갔습니다.
그날도 살이 애일 듯 추운 날이었는데 마을 아낙네, 촌로, 아이들까지 모두 장에 나와 겨울용품을 사고팔고 더러는 장 구경에 여념 없이 겨울의 짧은 하루해가 넘어 갈 때 쯤 나의 어머니도 팔다 남은 건어물들을 종이 봉지(그때는 비닐봉지도 귀할 때였다.)에 챙겨 담으셨습니다. 그런데, 멸치 두어줌을 조그만 종이 봉지에 따로 담으시더니 광주리를 머리에 이으신 채 조그만 내 손을 잡고 앞장을 서서 걷기 시작하셨습니다. 10여분 남짓 걸어가자 시골의 작은 국민학교가 나오고 그 입구에 문구며 책이며 장난감을 파는 전방이 하나 나오더군요. 빼꼼이 문을 열고 들어서자 어머니보다 너댓 살 더 먹은 듯한 아저씨가 어머니를 반갑게 맞아 주신다.

“아이구! 오셨어?”

“네!” 짧은 대답을 대신하시더니 내 머리에 손을 얹으시고,

“삼촌이야! 인사드려.....”

“안녕하세요!”

“얘가 제가 말씀드린 막내에요.....”

“그놈 똑똑히도 생겼네!”하며 내 머리를 쓰다듬어 주셨다.

“너하고는 먼 삼촌뻘 되신단다.....”

그랬습니다.

어머니는 장터를 전전하시다가 이 마을에서 먼 친척을 만났고 그러다가 문방구를 하시는 먼 외삼촌을 만나 내가 좋아하는 동화책 한권씩을 이 동네 장이 설 때마다 팔다 남은 멸치 한줌과 바꾸어 오셨던 것입니다. 비록 남이 보다가 내게 온 헌 동화책이었지만 내게는 어머니의 사랑이 가득 담긴 소중한 동화책이었던 것입니다.

주름 깊으신 어머니의 노안을 보면서 아침, 저녁 출퇴근 인사를 드리면서도 곱디고우셨던 당신의 청춘을 어느 세월에 모두 보내시고 손자 놈들과 공기놀이를 하시는지요...

흰 머리깔 삐쭉삐쭉한 자식 놈 들어오면 그때야 비로소 자리 펴고 누우시고 밝은 날 어디 나가려고 채비라도 하면 점심 거르지 말라고 일러 주시고 친구들과 술 한 잔 하고 온다고 하면 기억나는 나의 친구 이름들 읊조리시며....
까까머리 고교시절, 친구들 집에 오면 밤늦도록 주무시지 않고 없는 살림에 야식을 챙겨 주셨던 고우신 손길들들을 기억합니다.....

업무 차 가끔 일본을 왕래합니다.
자식들 커 나가고 회사의 업무량이 많아지면서 항상 곁에 계시는 어머님이시기에 챙기지 못했습니다. 늘 그 자리에 계심에 정말 소중함을 알지 못하고 지나가는 것이 우리들의 껍데기인 부모님일 것입니다.
항상 내 옆 자리에 계심에"있음에"란 그 가치를 느끼지 못하는 잘못을 저지르고 있는 것조차도 모르고 살아갑니다.
2008년 5월, 휴가를 신청했습니다.
회장님께서 갑자기 웬 휴가냐고 하시기에 어머니를 모시고 휴가 갔다 오겠다고 말씀 드렸더니 일본 친구 분에게 전화를 하시더군요. 그냥 친구 분이 말씀해 주시는 일정대로 차만 타고 다니라고요....
몇 박 몇 일이냐고 말씀도 안 드리고 묻지도 않으십니다.
그냥, "어머니 피곤하시지 않게 일정 잡으라고 했으니...." 어머니하고 여행 잘 갔다 오라고만 말씀하시더군요.
48년을 살아오면서 그렇게 평생 처음으로 어머니와 단 둘이만 일본 규슈지방을 여행했습니다.

왕인 박사를 천주님으로 모시고 있는 태자부 천망궁이 있는 후쿠오카 시내를 종일 구경 시켜 드리고 별이 쏟아지는 구름 지속의 산오이 호텔 야외 온천장에서 첫 밤을 어머니와 한 방에서 보내는데 "술 한 잔 안할래?"하시는 어머니의 떨리시는 목소리가 18세 소녀처럼 낭랑하게 들리더군요.
다음날도 히로시마, 구마모토 등 여러 도시와 고궁들, 신사들을 구경하고 태평양 앞바다가 내려다보이는 벳부의 꼭대기 스기노이 호텔에 여장을 풀고 현지 오이타의 전통 공연을 한다고 하여 표를 끊고 공연장 맨 앞자리에 앉아 관람을 하는데 갑자기 어머니는 흥이 돋으셨는지 일어나셔서 덩실덩실 어깨춤을 추십니다. 그냥 앉아 있기도 민망하여 어머니 옆에서 함께 일어나 박자를 맞춰 드리자 공연단 중 싱어가 어머니에게 다가와 더욱 흥을 북 돋아 주는 배려까지 해 주셔서 여행이 더욱 재미있으셨답니다.
오사카 여행까지를 마치고 3박 4일의 짧은 여정을 어머니와 함께 다녀오면서'정말 별것 아닌데 우리는 왜 이런 것을 못하고 살았을까!'라는 생각을 많이 했습니다.
집사람과 10주년, 20주년 여행, 가족 여행, 승진해서, 성과급 받아서....참 여러 가지 기쁨 중에서 부모님을 먼저 생각해 보았던 적이 없었던 것 같습니다. [우리 세대] 보릿고개를 넘어 온 세대지만 대한민국 고 성장기에 빡세게 일만 한 세대인 것 맞습니다.
하지만 우리만 그렇게 살아 온 것은 아닙니다. 지금의 우리가 있게 한 우리들의 부모님은 우리들을 위해 더욱 고단한 삶을 영육해 오셨을 것입니다...

인천 공항에 도착하여 짐을 꾸리니 11시가 다 되어가더군요.
어머니께서 공항 직원에게 묻더군요.
“김포공항까지 가는 전철이 지금 있냐”고요.
“어머니! 피곤하신데 택시타고 가시죠!”
“자네 돈 많이 들었을 텐데 뭐 하러....전철 한번 타면 집에 가는데....”
당신보다 자식을 먼저 생각하고 행동하시는 분들이 우리의 부모님이십니다.

전철을 타고 오면서....
나의 어머니의 주름진 얼굴 속에 내가 살아 온 세월이 새겨져 있는 것을 보니
'나를 위해 당신이 살아 계시는 구나' 라고 느껴집니다.

꼴려요

지금은 작고하신 고등학교 은사님 김종훈 선생님!
1학년 때 담임이셨고 국어와 한문을 담당하셨는데 그 양반 나만보면 자꾸 건드리셨다.
"너 왜 그렇게 공부 안하냐? 세상에 불만 있냐?"
헐~~~
약관 17세에 세상에 뭔 불만이 있겠어요?
샘의 질문에 되려 없는 불만이 생깁니다요~~!!
어느 날 종례를 마치고 교무실로 내려 오란다.
이놈의 인간이 고달픈 인생 뭘로다 태클을 거실라꼬 바쁜 몸 자꾸 오라가라 한댜?
"가방 열어봐!"
"왜요?"
"쪽바리 담요 열라고 안했으니 언능 열라고!"
AC~~~
오늘은 또 무슨 건수를 잡아 족칠라고 하신디요...
샘. 가방을 뒤지더니 책 한권을 꺼내신다.
앙드레 지드의 [좁은문]
"공부는 안하고 이런 책이나 읽고 댕기니 니 놈의 성적이 자꾸 바닥으로 달리지..."
명색이 명문대 국문과를 나오신 양반이 이런 명작을 치부하시는 발언을?
의심스럽구만...
어쨌든지 간에, 내가 내 성적 가지고 바닥으로 달리던 하늘로 날으던 샘이 뭔 상관이례요...
"너 임마. 학교 들어 올 때는 그래도 공부 좀 하더니...이게 성적이냐?"
그러면서 내게 펼쳐 보이는 나의 성적표!
맨 위는 반 석차가 한자리더니 두 번째 칸은 두 자리가 되더니 내려갈수록 두 자리의 앞 숫자가 높아지네?
멍~~하니 바라보고 있는 내 대갈통에 샘이 갖고 다니시는 작은 목대가 한대 날라 와 무방비 상태로 띠옹~~!!
후와!
디지게 아파요...
크기는 석근이 것만 한데 이건 완전히 박달나무라서 맞는 족족 그 자리에 혹이 생기는 명불허전 곤봉이랑께요!
"아야! 어파요!"
"그럼 임마. 아프라고 때리지 이쁘라고 때리냐?"
"그래도 아파요!"
"왜? 아프니 꼽냐?"
"..."
"꼽냐고? 임마!"
또 한대가 날라 온다.
띠옹~~!!
IC~~
"꼽냐고! 꼽냐고! 꼽냐고?"
그렇게 내리 세대가 연거푸 날라온다.
"아야야~~꼴려요!"
"뭐? 꼴려? 이 자식이 선생님에게 뭐 꼴려?"

사실이었다...
피 끓는 청춘 대갈통에 불이 나자 맞을 때마다 아랫도리가 불끈거리며 발딱발딱 기운이 솟아 꼴리는 것이었다...
"이 자식이 선생님에게 이런 비속어를?"
따당땅땅~~!!
이건 가을마당에서 콩 타작하듯 대갈통에 불이 날 때마다 아랫도리는 꼴리기만 하고...
손을 들어 방어 자세를 취하자 샘.
"왜? 아직도 꼴리냐?"
"...네..."
"너 내일 엄마 모시고 와!"
참 희한하지?
기싸움에서 안될 것 같으믄 무조건적으로다 부모님 호출!
"안돼요!"
"왜?"
"저희 엄마 학교에 오시면 저 그날로 집에서 쫓겨나요...엉엉~~~"
그렇게 눈물을 흘리자 샘 마음이 아프신지 나를 다독이신다.
"그러니까 임마. 공부 좀 열심히 하라고...그리고 선생님에게 꼴려요! 이런 말 하는 것 아녀 임마!"
그리곤 또 바로 한대 따옹~~!!
하~~근데 희한하네.
또 아랫도리가 벌떡!
대갈통과 거시기는 긴밀한 커넥션 관계일까?

니들이 순대국의 진미를 알아?

한파가 기승을 부리더라도 갈 곳은 가야하고 먹을 것은 먹어야 하는 것이거늘 누가 말리고 춥다고 안 간다고 못 간다고 그래봤자 고추 조금 얼뿐이고 그러면 또 착한 마나님이 드라이기로 꼬실려 주거나 아니면 밤일 튼실한 병철이 같으면 또 다른 신체부위로다 녹여 주것지^^
어제 갔었던 순대국집 주인 동생이 그건 잘해 줄 것 같던데.
희석아 번호 땄다니 잘해보세요^^
누나에게 물어보기 있기 없기~~!!

사당역에서 커피 한잔으로 몸을 녹이고...
완희와 태규는 소주 한잔으로다...
민족의 명산 관악산으로 출발 하자고!
관음사 쪽으로 올라가니 처음부터 깔딱 고개가 나오네요.
방향을 돌리니 사당동이 눈 아래 펼쳐져 있고 바쁘게 살아가는 서울 사람들이 개미군단처럼 분주히 움직이는 모습이 20여년전 우리들의 모습처럼 영상으로 비춰진다.
엊그제 온 눈이 밟히는 소리가 참 좋다!
뽀드득 뽀드득 뽀드득...
한 켠에 누가 아직 밟지 않은 곳이 있어 들어가 걸어본다,
뽀도독 뽀도독 뽀도독...
숫처녀 첫 서방질하며 나는 소리인가?
어쨌든 첫 서방질이든 계집질이든 길을 내 준 놈이 첫 서방인겨^^

올라갔다 내려갔다 또 오르락내리락...
오늘 길 짜증난다고 투덜대자
"둘레길이 다 그런겨"
공주가 고향인 형석이가 한 마디 하는디 충청도 말씨로다 하니 말이 더 구수하다.
아이젠이 엄어서 안차니 미끄러운 눈길에 로보캅 다리가 자꾸만 흔들려 종아리에 힘을 주자 이번엔 사타구니까지 뻐근함이 전하여 진다.
UC~~~
그래도 1시간 이상을 올라왔는데 내려가면 억울하잖여!
글구 산행도 아니고 둘레길인데 요정도에서 빠꾸 한다면 다음엔 산에 안 댈고 다닐 것 아녀?
그렇지 않다고?
아녀!
충분히 그럴 소지가 많아 보여!
특히 완희가^^
그렇게 저렇게 맛난 이바구 까면서 중턱쯤 오르니 병철 회장님 길이 아닌 숲속으로 들어간다.
흠~~
어떤 걸하고 낮길에 들르는 아지트구만요.
벽에다 밀어놓고 맑고 시원한 산바람 맞으며 푸른 하늘 바라보며 그녀의 새근대는 숨소리 듣노라면 아담과 이브는 하나님이 잘 만들어 놓은 거여요^^
아쉬운 마음으로다 사내들끼리 기어들어가 일용할 먹자판을 펼친다.

오늘은 밥상까지 펼쳐지네요...
역시 나날이 발전하는 산악회여!
김밥에 순대, 소주, 막걸리...
“번데기는 꺼내지마!”
아이씨~~~
나 아침에 집에서 나오는데 울 엄니 그러신다.
“날씨 엄청 춥다. 고추 어니까 때놓고 가라!”
그래서 고추 때놓고 왔는데 오늘은 번데기 엄어요!
근데 먹는 번데기는 이미 까버려서 나중에 까치밥으로다 남겨줬어요^^
차카게 살아라!
으잉?
병철 회장님이 배낭을 펼치자 거기서 순대국이 왜 나와?
저놈의 순대국이 산속에서 왜 티 나오냐고요...
다들 존경의 눈빛으로 병철 회장을 우러러본다.
“산에서 순대국? 듁입니다요!”
다들 탄복을 하고 있는데?
근데 저 차가운 것을 어떻게 먹는다?
법 있으니 법 무서워 착하게 사는 친구들의 고민을 어떻게 해결을 했을까요...
1번 디립다 먹고 뜨거운 물을 마신다.
2번 뜨거운 물에 순대를 집어넣어서 3분후에 먹는다.
3번 지나가는 여인네의 고쟁이 속을 잠시 빌려 데워 먹는다.
4번 병철이 상시 갖고 다니는 코펠을 꺼내 산속에서 불량스럽게 불을 피운다.

정답 맞추는 사람에겐 다음 산행 때 희석 총무님이 순대국 한 그릇 쏩니다요!
대한민국에서 이렇게 어마무시하게 맛난 순대국을 산속에서 먹어본 놈 있으면 나와 보라고 그래!
전국 100대 명산 찍은 석근이도 몬 먹어봤지?
메롱~~~!!
정말 허천나게들 순대국 건더기와 알싸한 국물에 막걸리를 곁들여 먹으니 발아래 서울 시가지가 놓여 있지만 저 서울이 모두 내 것만 같은 허세가 생긴다.
역시 낯짝 크다고 다 면장하는 것 아니여...
대가리가 크다고 "짱"하는 것 아녀!
근보와 민석이를 두고 꼭 하는 소리 아니지만 새겨들어^^
그 참에 근보 태규에게 전화가 온다.
대가리에 기쓰가 났대나 어쨌대나...
주절주절...
"야 시끼야! 전화끊여!"
뚜시꿍!
"착한 영혼 근보 섭섭하게 그냥 끊으면 갸 삐질텐데..."
"이 나이에 삐치기는 덩치는 장호놈 비게 덩어리만 한게!"
으이씨~~~
그럼 나도 덩어린데...나도 돼지 비게냐?
참말로 맛난 순대국을 산속에서 때렸다는 굉장한 자긍심을 갖고 내려오니 낙성대공원이 나온다.
오늘 산행은 이걸로다 시마이구나...
쉰난다~~!!

"길 건너 한등성만 더 가면 서울대입구 나온다!"
헐~~~
다 온게 아녀?
설레는 마음은 강감찬 장군님께 돌려드리고 조용히 친구들의 꽁무니를 따라 잡는다.
오르막길이 시작되네...
막걸리 한 병 먹은 것이 숨을 헐떡거릴 때마다 목구멍으로 기어 올라온다.
힘들어 디지 것는데 완희가 뒤에서 언능 안간다고 채근을 하니 강감찬 장군 밑에서 수군으로 복무했을 때가 회상이 된다.
그래도 강감찬 장군은 적군에게 밀려 패잔병이 되어 돌아와도 완희처럼 채근은 하지 않았는데 말이야!
살수강(오래전 일이라 살수대첩을 치룬 강 이름이 기억이 안 나요^^)에서 한겨울 입수만 했을 뿐이고~~뿐이고~~
그래도 오늘 젤 고마운 친구가 완희인디...
자기는 안하고 나에게 아이젠 채워 줬거든!
나 아이젠 보다 아이젤이나 러브젤도 좋아해^^
산을 내려와 조금만 가면 맛있는 식당이 있다고 하여 걷는데 산을 다니는 모두가 똑같은 소리만 해댄다.
"다 왔다!"
다 온 것이 1Km여?
오늘 만보기 열어보니 후와 14,400보!
만보...근보...닐리리 만보...니나노 근보^^
천신만고 오늘도 살아서 식당을 들어가니 으잉?
또 순대국집~~!!

낫에 그렇게 맛나게 먹었는데 여기 순대국이 맛이 나겄어?
천만에 말씀 만만에 콩떡이지롱~~
후와!
근데 마담이 전에 봤을 때는 월매인 줄 알았는데 오늘은 춘향이 엄마같이 은근 미색이 올랐구만?
두어 잔 취기가 오르자 마담 병철 회장 옆으로 낑겨 앉는다.
하여간에 보는 눈은 있어가지고 술 한잔을 따라주자 자꾸 병철이 아랫도리로 눈이 간다.
"어허 마담! 그러지 말고 나하고 건배나 한배 하지."
그러면서 은근 마담의 손을 잡자 멀뚱히 쳐다보던 병철이 한마디 한다.
"갑아! 니가 손을 잡았는데 왜 내 것이 서냐?"
우이씨~~
내건 언제 서냐고요~~쩝^^

1만 시간의 법칙

사람은 한 번뿐인 인생을 살면서 목표를 달성하기 위해 많은 노력과 극한의 인내를 갖고 목적을 위해 열심히 달린다.
자신이 원하는 것을 이루기 위해서는 천 번이고 만 번이고 쉬임없는 실패와 좌절을 겪고 이겨 내 비로소 목표에 도달할 수 있는 것이 우리의 인생이다.
그러기 위해서는 "1만시간의 법칙"을 통과해야만 자신의 목표를 이룬다고 한다.
우리는 쉽게 말한다.
'내게는 왜 기회가 오지 않을까?'
준비된 자만이 기회를 잡는다고 알고 있으면서도 주변의 사람이 무엇을 이루거나 성공을 하면 그런 생각을 갖지 않는 사람은 엄을 것이다.

1만 시간의 법칙!
살아가면서 1만 시간이란 시간이 우리 인생에서 얼마만큼 차지하고 있는 시간일까...
그건 내가 성공할 수 있는 시간이다!
아니 내가 성공하기 위해 투자를 해야 할 시간인 것이다.
그럼 정말 1만 시간을 내가 투자하여 성공할 수 있을까?
답은 그렇다~~이다.
전문가?
1만 시간을 이상 자신에 투자하면 누구나 그 분야의 전문가가 될 수 있는 시간이라고 한다.

단지, 그것을 재어보지 않았기 때문에 투자의 시간을 간음할 수 없기 때문이다!
날로 치면 1년하고도 2개월 정도나 될까?
그렇게 세어보면 몇 날 되지 않아 보이지만 먹고 자고 쉬고 놀고 하는 시간과 함께 하기에 쉽게 "1만 시간의 법칙"을 이룰 수 없는 것이다.
1시간의 소중함을 1만 번 소중하게 다루는 사람이 있을까?
우리는 1시간의 소중함을 알지 못하고 살아오기 때문에 많은 세월속에서 1만 시간의 법칙을 아주 조금씩 채웠기에 그나마 자신의 인생길을 찾았지 않았을까?
아주 조금씩~~!!

서울극장

우리의 젊은 시절,

한겨울 추운 바람이 솔솔 들어오는 포장마차가 줄지어 서 있는 곳에서 김 모락모락 나는 홍합탕 불어가며 소주 한 잔 때리던 아련함이 남아있는 추억의 장소이다.

영화 한편 개봉하는 날이면 청계천까지 길게 늘어선 관객들의 행렬과 그 사이를 바쁘게 오가며 연인들에게 표값 흥정하던 재흥이 닮은 암표상들...

친구가 벙개를 서울극장으로 때린 덕분에 오랜만에 서울극장 앞을 가니 그 옛날 영자도 순자도 미순이까지 얼굴이 주마등처럼 지나간다.

영자랑은 자기 영화라고 보았던 "영자의 전성시대" 순자와 보았던 영화는 "철수와 영희" 미순이와 보았던 영화는 "겨울여자"였던가 아님 "뽕2"였던가? 어쨌든 미순이와 보았던 영화는 야해서리 참을 수가 엄어 그녀를 그냥 보내지 몬하고 극장 뒤편 여인숙에서 찐하게 연애 한판 때리고 집에 보냈었던^^

담배 한 대를 피우고 있자 친구가 등 뒤에서 "길거리에서 담배 꼬나 피면 벌금입니다!"뻥 까는 것 쌩~~까버리고 바로 앞 굴 보쌈집으로 기어들어 간다.

푸짐한 보쌈고기에서 피어오르는 김서림이 좋다.

아삭한 식감의 보쌈김치에 제철 굴의 알싸함이 삼위일체가 되어 쇠주 한잔과 만나니 맛이 디져 부러요~~

얇은 김에 굴 한점, 보쌈김치, 쌈은 돼지고기에 마늘 한 개 얹어주고 그 위에 추젓 발라서 또 쇠주 한잔에 꿀꺼덩!

두 번 디져 분지네요^^
에라이~~한번 더 디져 보자구요!
상추를 쫙 펼쳐서 그 위에 된장 바르고 마늘 한 개 올리고 보쌈고기를 김치로 감싸고 그 위에다가 굵직한 굴 한점 올려서 술 한잔에 쩝^^
보약이 따로 없어요...
제철음식이 보약보다 백배 좋다는 말씀입니다.
친구와 주거니 받거니 소주가 두어 병 차오르고 있는데 근처에서 산업용 공구상을 하는 또 다른 친구가 들이닥친다.
허겁지겁 자리에 앉더니 에프터가 있다고 후닥닥 소주 한잔을 따르라고 채근질이넹~~
그러더니 상추에다가 괴기 올리고 손바닥만한 굴 한 점 올리고 된장 바르고 보쌈김치 큼직하게 싸더니 하마같은 입을 벌리곤 한입에 쩝~~!!
후와 디지게 맛나게 드시네요^^
그렇게 세 번의 한입과 소주 세잔을 때리더니 언제 왔다가 갔는지 모르게 사라져 버린다.
"쭌구야! 누구 왔다간거 맞지?"
"난 몬봤다!"
제철음식 굴 보쌈과 함께 오랜만에 만난 친구와의 즐거운 술 한잔의 시간이 고귀함을 안겨준 나의 귀한 날이었습니다.
유쾌하고 즐거운 사람과 마시는 술은 언제나 나에게 활력을 주고 청량제가 되어 살아가는 윤활유가 되는 소중한 벗과도 같으니 나 요즘 한가하니 언제든지 찾아주세요^^

로또방

종로에서 부동산하는 고향 친구의 추천으로 나의 개인 사무실 앞 숭인동에서 로또방을 하는 연극계통 선배의 가게에서 어제 1등이 나왔다^^

2년 전에 1등 한번, 최근에 2등 두 번, 3등은 수시로 나오는 곳인데 정말 로또 명당이 있기는 있는 모양이다.

작년에 형수 돌아가시고 많이 의기소침할 때 자주 가서 소주 한잔 마셔주던 내가 참 고맙다고 늘 응원해주는 형님인데 어젯밤 1등 나왔다고 좋아라 하길래 내가 더 좋아해주니 그러더라...

“그 1등 알았으면 너를 줄 걸...”

그 형의 말 한마디가 더욱 세상을 즐겁게 살라는 용기로 들린다～～^^

사당

친구 전화온다.
“나 사당에서 한잔하고 있어!”
“누구네 사당?”
“?...”
“너네 사당에서?”
왜 말이 엄데...
신성한 사당에서 술 한잔하믄 조상님에게 혼날텐데...
“사당이라고!”
그니까...누구네 사당이냐고?
“너희 사당은 너네 고향에 있잖아!”
“야! 나 사당에서 술 한잔 하고 있다고~~~”
그래 안다고! 아는데 도대체로다 지금 니가 술 빨고 있는 사당이 누구네 사당이냐고...
지네 사당도 아닌 곳에서 남의 사당에 함부로 들어가서 술을 마시면 되냐고~~!!
그러다 걸리면 그 사당에 모셔진 남의 조상님에게 똥꾸 빵꾸 싸다구 맞는다고~~!!
“사당역이라고!”
아하...사당역!
그렇게 말씀을 하셔야지...
조상님을 모시는 신성한 사당에서 배운 사람이 술 마시고 있으면 안 되지렁~~!!
친구야 담부터는 남의 사당에 들어가서 술 마시지 말어라^^

촌놈

오랜만에 주말에 결혼식이나 경조사가 엽어서 편히 쉬는 날이라고 집구석에서 이리저리 뒹굴고 있는데...
영암에서 불알친구 놈의 전화벨이 울린다.
“난디~~!! 뭐 한다냐?”
나무들에서 슬슬 봄 순이 하나 둘 나는데 농사 준비나 하지 먼 대낮부터 전화질이고?
“잘 지내지?”
“나 시방 영등포인디 니 집 아파트 이름이 뭐였다냐?”
“지금 올라고?”
“잉. 니 엄니도 보고 잡고 아그들도 보고 잡고 니 하고 한잔도 찌끌고 잡고...”
징한 놈이 할 것도 많네~~^^
“언능 와라~!!”
전화를 끊고 냉장고를 열어보니 수시로 먹어대던 작은놈이 군대에 가 있으니 식재료를 신경 안 썼더니 냉장고가 텅 비어 있다.
공판장에 가서 촌놈 좋아하는 표고버섯에 목살 두어 근을 사가지고 들어오는데 또 전화벨이 울린다.
‘나 시방 소 꼴 주는 시간이니 낭중에 전화할게...끊는다!“
잉?
이건 뭔 원숭이 뒷다리 붙들고 이만기와 씨름하는 작당이냐?
전화 한다~~!!
“너 서울 아니고?”

"나 시방 마굿간인디? 뭔 일 있다냐?"

우~~!!

때려죽일 놈...

"너 온다고 해서 니 좋아하는 버섯하고 고기 사가지고 들어가는 길이란 말이여~~!!"

"그랴? 그럼 엄니 맛나게 해드리면 쓰것구만...나 소죽 끓여야 한다."

뚜시꿍~~!!

내 꿈 꾸지마!

당구리당당 숭당당~~!!
각자 자기의 큣대를 가지고 집합!
오늘도 대굴빡 깨지게 한판 붙는다.
일찍 온 친구들은 먼저 시작하여 반 정도가 진행이 되고 있고 젤 대두 금보가 꼴찌로 입장하여 나하고 한판 붙는다.
학교 때는 허구한 날 성적에서 처지더니 사회 나와선 뭐든지 처져요^^
자기가 우리 입학당시 전교 3등으로 들어왔다고 박박 우기는데 확인해봤자 100% 구라이기에 힘을 안 빼기로 하고 '너만 지져라' 하고 산다...
어쭈리 오늘은 맨날 호구 창민이가 뱅크샷으로다 두개, 세 개를 내리친다!
헉~~!!
황소같은 놈이 뒷걸음치다가 쥐 잡았네?
"소처럼 생겨가지고 뒷 걸음 치다가 똥 밟았네~~!!"
국진이 궁시렁거리면서 구찌로다 창민이의 기를 꺾어 놓는다.
구찌를 까던 구라를 치던 창민이 열심히 당구에 집중을 한다.
삑~~!!
삑사리^^
그러면 그렇지 구찌에 태클 안 걸리면 창민이가 아뉘지?
"일산 당구는 구라가 90이고 실력이 10이라더니 하여간에 드럽기는 갑이하고 똑같아~~!!"
쓰블...

나 한마디도 안하고 있었는데 왜 내가 거기에 등장하는겨?
"내가 뭘?"
"너는 불리하면 당구대를 들지 않나 공을 불질 않나 당구 구력 60년 만에 너 같은 지져분한 더티맨은 처음 봤다!"
닝그럴~~~
이제 60년 산 놈이 구력이 60년이야?
니는 불알에 당구알 차고 나왔냐?
"하여간에 뽀로꾸만 치면서 구찌는 젤 많아요~~!!"
"누가?"
누군 누구야...요기 모인 니 놈들 다~~~지^^

술시인 6시에 맞추어 양쪽 모두 시마이데쓰.
가락시장으로 올라가니 싱싱한 회집마다에 제철 방어가 펄떡거리며 수족관을 부술 추세다.
"이거 어떠세요~~!!"
오호!
우리가 찾던 바로미터 사이즈네.
10kg정도 되는 대방어에서 뱃살 부위와 대형 대갈통만 남아있는 딱 좋은 크기다.
"하우머치?"
"텐!"
"오브코스~~~!!"
바로 거래가 끝나자 휘파리 하나가 붙는다.
"3층으로 모시겠습니다."
예쁜 걸이면 더 좋을텐데 실하게 생긴 놈이 나타나 우리의 방어를 날치기하더니 주인장한테 아주 좋은 멘트를 날린다.
“우리 젠틀맨 손님들께 멍게 서비스 좀 주세요?”
바로 멍게 대여섯 마리가 방어 봉지에 쏠랑～～
멍게라면 사족을 못 쓰는 창민이 디럽게 좋아한다.
“내가 멍게 엄청 좋아하는 것 어떻게 알았지?”
어쩐지 뭐를 닮긴 닮았는데 했는데 아하～～～멍게였구나.
그 말이 입속에서 뱅글뱅글 돌지만 참는다.
오늘 영하 18도인데 저 인간 돌아 삐리면 도봉산역에서 천안까지 두 번은 왕복할 것이 뻔하기 때문에^^
자리를 잡고 앉자마자 창민이가 나온다...멍게 말이지요^^
“야～～～!”
가락시장에서 육고기 도매하는 희진이가 나타난다.
“오랜만이야～～～!!”
두루두루 인사를 하고 순이의 젖가슴보다도 선홍색 때깔이 나는 방어회가 테이블에 펼쳐진다.
“순이 젖꼭지부터!”
고고하신 서당 훈장님도 순이의 젖가슴에는 체면이고 나발이고 없다.
“내가 먼저～～!!”
몬양만 선비인 태규도 영철이 젓가락 가는 곳으로 가서리 한겨울밤 순이의 젖가슴으로 인한 젓가락대전이 일어난다.
“나도...”
“나도...”
AC～～!!
18세 순이 오늘 인기 짱이네～～쩝^^

그렇게 저렇게 순이의 젖가슴은 이리 발라지고 저리 분칠되니 송가인의 인기 저리가라 6.25때 난리는 난리도 아니다...
재수시절 왕십리 EMI학원 뒷골목에서 동네 친구들과 함께 버스 안내양 누나 하나 사귀어서 그 누나 미모에 빠져 친구들끼리 쟁탈전을 벌렸었던 아스라한 추억들...
그 짓거리를 하고 나서는 친구들끼리 아귀다툼으로 1년만에 다섯 놈 모두 뚝섬을 벗어나 지금은 아무도 연락이 안 되고 있다는 슬픈 추억이 된 사건이 기억이 난다.
일갈 시끄럽고...
희진이와 먼 이야기를 짧게 하고 집 식구들과 약속이 있다고 먼저 일어나고 우리는 순이의 젖가슴을 다 파고 부드러운 뱃살로 입의 향기를 돋우는데 정말 기대하는 방어대가리구이가 도착을 한다.
지글지글 아직도 익고 있는 냄새부터가 침을 자극시킨다.
"요렇게 요렇게..."
김을 한 장 깔고 볼따구살 한 점을 얹어서 그 위에 마늘 고추 된장에 배추 이파리 한 장 덧씌워 바로 입으로다 쏠랑 쏠랑!
흐미~~니들 다 디져도 난 몰 것어요^^
시간은 벌써 8시를 넘어가고 그 많은 방어회와 금보 대가리보다도 더 큰 머리구이는 또 어데로간노 어데로간노~~!!
"사람의 건강은 제때 제철 음식이 최고라니까!"
국진이가 건강에 대해서 일장 연설을 쏟아내자 창민이가 낑겨든다.
"그럼 그럼...이렇게 맛나게 먹어야하고 먹은 만큼 또 구라를 까야 하는겨..."

“넌 안 먹고도 구라를 까잖아!”
맞네~~~!!
“그래 인간아. 난 구라 인생이다.”
“그러니 다마도 뽀로꾸로만 들어가지.”
태규의 말에 영철이가 덤빈다.
“그래도 창민이 정석으로 들어간 것 오늘 꽤 많아!”
금보 또 씨~~부린다.
“그니끼 갑이 시끼처럼 맨 날 당구대나 들어대고 공이나 입으로 불지 말고 신사답게 매너있게 치란 말이야!”
UC~~~!!
신사?
매너?
세월 빗가리 소리하고 있어요~~ㅠㅠ
금보 저 대두를 몸에서 분리해서 얼음물에 몇 번 담가 버릴까보다~~!!
“얼마예요?”
아줌마 와서 빈 병을 센다.
계산서를 들고 온다.
“날씨도 추운데 어떻게 가실라고 이렇게 많이 드셨데?”
소주가 20병, 맥주가 4병...
여섯명이서 마신 것 치고는 별로 아녀?
“기본이유...”
그 말을 듣고 돌아서서가는 아줌마의 발걸음이 아주 많이 걱정스러운 태도이긴 하지만 우리 마누라는 당신처럼 걱정하지 않아요...

먹고 객사만 하지 마쇼~~일걸?
"야! 근보. 너는 시끼야 술 먹고 새벽에 전화 좀 하지 말라고!"
"보고 싶어서 그런겨..."
"제발 내 꿈도 꾸지 말고 새벽에 전화도 하지 말라고! 니가 뭔 새벽 귀신이냐?"
태규 쟤 오늘 갑자기 뿔따구가 난나?
왜 착한 금보를 쥐 잡듯이 잡아 댄댜?
"갑이 너도 내 꿈꾸지 말라고~~!!"
영철이도 나를 잡아댄다.
"니가 분명히 우리 집을 왔었는데 새벽에 간다고 해서 나는 너 잘 들어 갔나해서리..."
근데, 그게 꿈이었다는 것이다^^
"제발 내 꿈꾸지 말고 새벽에 전화 하지마라고!"
"너도 내 꿈꾸지 말고 밤에 전화 하지마!"
헉~~!!
이것들이 쌍으로다 쌍들을 잡아대고 지랄들~~이댜?
창민이가 국진이에게 다정스럽게 말한다.
"국진아! 내 꿈꿔~~!!"
국진이 눈을 똥그랗게 하고 창민을 쳐다보며 펀치 날린다.
"차라리 눈 뜨고 밤 샐래...!!"
남들은 내 꿈꾸기를 원하는데 우리는 왜 다들 내 꿈을 꾸지 말라고 할까?
슬픈 밤이다~~쩝^^

경칩

“행님!”

우리 펜션 옆 벽소령 계곡에 유일한 가정집인 장모님과 예쁘장한 딸래미 둘을 데리고 사는 점룡이가 부른다.

왠일이냐고 묻자 배시시 웃으며 물이 가득 든 양동이를 들어 보이며 자기 집으로 오란다.

귀여운 딸래미들을 위해서 식당 안 매점에서 과자 두어 봉지를 들고 그 친구 집으로 들어간다.

“행님 오늘이 뭔 날인지 아시지예?”

“?”

“오늘이 갱칩이지 않은겨! 갱칩~~!!”

그런데 뭐?

“개구락지 놈들이 겨울잠에서 깨어난 걸 지가 잡아오지 않은겨!”

양동이를 들여다보자 실하게 생긴 개구리들이 득실득실하다.

“행님요 서울 사람들도 개구리 마이 묵지요?”

그걸 말이라고 하냐?

없어서 못 먹지~~쩝^^

“행님도 좋아 하시는겨?”

그만 묻고 튀길기야 끼릴기야...그것부터 말씀을 하세요!

“아빠! 구워먹자.”

이제 6살밖에 안된 지지배가 아빠에게 주문을 넣는다.

“기럴까?”

그러더니 무식하게시리 딸래미가 보고 있던 말든 칼로 배를

짝~~가르곤 긁어도 나올까 말까한 내장을 끄집어낸다.
"아빠! 빨리 빨리~~"
헉!
이번엔 작은 딸래미가 채근이다.
"얘들아 과자 먹으면서 기다려라!"
"삼촌. 나는 저게 훨씬 맛이 있거든?"
후덜덜~~!!
이제 엄마 젖 뗐을 슬픈 사슴 눈을 가진 쪼맹이가 개구리가 더 맛나다고?
그럴 수도 있겠지...
심심산골 지리산 백무동에 살고 있으니 저 아이들의 눈에는 이것이 전부요 자연에서 얻은 것이 최고 일 수밖에~~^^
아침에 산안개가 내려와 마을을 깨우고 오후 3시면 해가 떨어지는 심산유곡 벽소령 계곡의 명경 같은 물을 마시며 살아가는 정신과 육체가 맑고 고운 아이들...
언제 손질을 다하였는지 채반에 가지런히 놓여있는 개구리들이 열을 맞추어 다정스럽게 디비 누워 있다.
지글지글 굽는 냄새가 흐미~~디진다.
굽어지는 데로다 어린 딸래미들, 양손에 하나씩 들고 뜯는다.
"맛있냐?"
묻는 말에 대답할 시간도 없는지 연신 쩝쩝거리며 먹어대는 것이 나의 군침을 돌게 한다.
나도 하나 들고 다리부터 뜯으니 겨울 내내 피골이 상접한 삐쩍 마른 것이 그래도 먹을 만큼 살집이 있다.
"행님요 맛 나지예?"

정말 나도 대답할 시간이 엄을 정도로다 맛이 기가 막히다.
참으로 인간이 잔인한건가?
"점룡아. 이거 어디 가서 잡아 온 거야?"
"행님은 가르쳐줘도 몬 잡아요..."
AC~~저게 무시하고 랄~~이고.
근데, 넘 하는 것 아니여?
경칩이라고 바로 계곡에 들어가 겨울잠자고 깨어난 저것들을 잡아다가 이런 성찬을 벌리고 있으니 말이다.
그때 고소한 냄새가 펜션까지 퍼졌는지 우리 펜션 참모 아줌마가 큰 병을 하나 들고 나타난다.
"여기 계신 줄 알고..."
"술 가져 왔어요?"
"하모요. 이런 거에는 이것이 최고인기라예~~"
그러면서 대접에 콸콸 따라내는 것은 어제 받아 놓은 고로쇠물이다.
"에잉~~소주나 한병 가져오지..."
"그런 소리 마시라예. 이걸로 오장육부에 쌓인 묻은 찌꺼기를 다 씻어내야 하는기라예..."

경칩이라고...
봄의 향기가 나니 깨어난 개구리를 잡아서...
고로쇠물 마시며 맛나게 산골의 파티를 벌리고...
가끔 지리산의 봄소식을 들으면 그때가 그립다!
언제 다시 내려가서 신선놀음을 할까나~~쩝^^

12월의 편지

가진 것 풍성하지 않지만 곤궁하지도 않다.
하고 싶은 일을 하기에 부러움도 부끄럽도 없이 산다...

분수에 넘는 사치스러운 짓거리를 몬하기에 사람들이 뒤에서 숭덩거릴지 몰라도 세상살이 동요하지 않는다.

가고 싶은 곳이 있으면 시간을 내서 가고 궁금한 것 있으면 발품도 팔고 서점에 가서 책도 뒤적여 보고 하면서 나의 남은 인생 꾸릴 수 있기 때문이다.

행사나 모임이 있을 때에는 그래도 어느 정도의 체면 때문에 일정에 맞춰야 하는 사회적 동물이 되긴 하지만 삶에 만족을 느끼기에 마음이 시키는 대로 멋에 자신감을 갖고 살아간다.

나 절대 먹는 것에도 욕심이 없는데...^^
목숨 연명하는데 지장이 없을 정도로 먹고 살면 되지 맛있다고 허천나게 더 먹지 않으며 절대 음식은 가리는 것 없고 못 먹는 것은 또한 없다.
그러나 뱃대지 받아들일 때까지 애기처럼 배불러도 가리지 않고 많이는 절대 안 먹는데...쩝^^

무질서한 생활이라고 생각할지 모르지만 다른 이에게 지장을 주지 않는 한 늘 고마움과 주변 사람에 대한 사랑, 사람들 간의 믿음, 의리, 받은 만큼의 기쁨과 배푼 만큼의 행복을 껴안고 나만의 방식대로 편안하고 열정적으로 세상을 살아가고 싶다.

남의 눈 전혀 무시 못 하지만 자신의 행복보다 남의 시선을 의식하며 분수에 맞지 않는 인생을 살아가는 사람을 보면 마음이 아프다.
짧은 인생 구름 같은 떠돌이 인생…
허영심에 자존심에 참된 인생이 아닌 남의 인생처럼 살면 좋을까?
쓸데없이 남의 일에 휘말리고 살지는 말자.

살아가는 동안 진실하고 참된 인생이 무엇인가를 깨닫는다면 허투세월 보내지 않고 자기 일에 몰두하며 남은 인생 하고 싶은 일 하나씩 성취해 가는 희열감을 느끼면서 살면 좋겠다.

자신만의 생각으로 자연스럽게 살아가는 것만이 아름답고 후회없는 인생이 아닐까?

귀때기

내 귀때기가 뭔 선반이냐?
뭐든지 거는 만능 걸이냐고!
안경을 50여년 걸치고 댕기더니 이젠 마스크까지 그 위에 2년을 걸치고 댕기니...
그렇다고 목욕할 때에도 지 고추는 열심히 닦아대면서 낯짝 뒤편에 붙어 있다고 생각날 때나 가끔 한 번씩 물질해서 문대주는 부엌대기 취급을 해대니 참으로 슬플 뿐이다.
하루 종일 안경에 마스크를 얹어 놓고 있으면 저녁이 되어선 귀때기가 아프고 심지어는 빨갛게 멍까지 들어 있으니 어이 안쓰럽지 않겠어?
안경이야 선천적으로 요 몬양으로 태어났으니 어쩔 수 엄다쳐도 이놈의 코로나인지 제로나인지가 인간들의 생명을 위협하면서 또한 경제적인 타격까지 엄청 주면서 우리의 삶을 바꿔 놓았으니 정말 재앙도 큰 재앙이었다.
현재도 그 재앙이 멈추지 않은 채 현실의 어느 한 복판에서 언제 잠식해 올지 모른다는 무서움을 잠식시키고 있으니 어쩌라!
1913년 유럽 인구 8,000만명의 목숨을 앗아간 "페스트"도 이 역시 코로나와 같은 괴질병이었다니 지구의 인구를 조절하려는 조물주의 벌이 아닌가도 생각이 든다.
"세상을 움직이는 집단"이라는 무시무시한 단체가 워싱턴에 가면 실체가 있다는데 그 중의 40%가 유대인이고 그들이 세상을 좌지우지 한다하여 중국의 시진핑이 도전장을 내었다가

굴지의 중국 IT기업 하나가 공중 분해된 사건도 있었다고 한다. 언론에 낼 수가 업는 사안이라서 조용히 사라진 지구상의 큰 사건이었는데 이처럼 코로나도 유대인들의 장난일 수 있다고도 한다.
쩝^^
각설하려 각설탕 한 개 입에 넣고 계속 노가리질 해대자!
하여튼 간에 날마다 내 귀때기를 고통 주는 이 사안을 뭘로다 보상해 줄 거냐고?
반반한 계집이라도 가끔 하나씩 던져주면 그 재미로다 참을 수 있겄는데 바랄 걸 바라세요!
능력이 안 되면 꿈도 꾸지 말라고 옛 성현 소크라공자께서도 말씀하셨잖아...

우리 집 아파트 엘리베이터에 크게 붙어 있다.
"앗! 마스크!"
다시 돌아서 집구석에 들어가서 구두를 다시 벗고 서랍을 뒤져서 귀퉁이에 짱 박혀있는 마스크를 꺼내 거울을 쳐다보며 마스크의 각을 잡고난 후에야 비로소 안심 가슴으로 다시 집을 나선다.
하~~!!
일상의 바쁨 속에서 챙길 것도 많은데 사소한 마스크 하나로 스트레스를 받는 일도 생기고...
만약 우리 얼굴에서 귀때기가 업다면?
마스크를 걸칠 곳이 업어서 우리는 모두 코로나에 감염되어 벌써 다들 디졌지 않았을까?

오늘부터 나의 귀때기를 보석 다루듯 귀하고 소중하게 다루고 날마다 페이스 크림으로다 문대주고 만져주어서 귀때기 때문에 코로나를 극복한 감사함을 죽을 때까지 잊지 말고 살아야 쓰것다.
어제까지도 오장육보 건강해지라고 그 고생하는 귀때기를 사정업이 쥐어짜고 잡아 댕긴 죄 너무 큰 것만 같다.
이것이 다 해뱅대에서 배운 것이라고 재선이가 일러줘서 해왔던 것인데 생각해 보니 재선이 이 인간 남에 귀한 귀때기를 괴롭힐라꼬 알려 준 것만 같다.
왜?
내 귀때기가 너한테 먼 잘못이라도 했냐고~~~쩝^^

오늘은 술이 너무 달다^^

술은 언제나 달다~~!!
그런데 오늘은 더 달다~~!!
소명 엉아가 부르지 않아도 좋은 친구들과 어울려 마시는 술은 언제나 언제나 언제나...
술이 달~~~~~~~~다^^
유명 계곡까지 가지 않아도 서울 근교 관악산에 이런 계곡을 품고 있는 것이 우리의 복이고 운이지 않을까 싶을 정도로 참 이쁜 계곡이다.
이런 계곡을 오늘 우리가 접수를 해서 좀 더럽혀 놓을까 하는데 굿 아이디어지?

서울대를 관통하는 버스를 타고 올라간다.
대한민국 및 세계적으로 권위를 갖춘 서울대 관악 캠퍼스가 이렇게 광활하게 넓은 줄 몰랐다.
그리고 녹음 짙게 깔린 캠퍼스의 풍광이며 더욱 푸르게 빛나는 젊음의 청춘들이 학교를 덮고 있으니 대한민국의 미래는 밝을 수밖에 없다는 생각이 든다.
벨기에, 네덜란드, 독일 등에서는 서울대와 홍익대 건축계열 대학원 출신들은 자국에서 박사과정 등록금 전액을 지원해 준다고 한다.
우수 인력만이 국가의 미래를 좌우하기에 모든 국가가 우수한 인재를 끌어들이는 경쟁이 눈에 보이지 않지만 정치적으로 경제적으로 패권을 다투고 있다.

우리 큰놈도 벨기에 국립대학원으로 진로를 정한 것이 벨기에 국가에서 등록금과 주거비 등 모든 비용을 제공해 준다는 조건으로 건축사나 교수 이수 과정을 정한 것이지 내가 먼 돈으로 그 힘든 유학을 보낼 수 있겠어...
10여분을 올라가 하차를 하니 오른쪽으로 산을 오르는 길이 나온다.
작은 물을 담가둔 보를 지나서 산길로 오르막길이 시작된다.
참나~~!!
희석이가 없으니 오늘은 믿었던 회장님이 이젠 사기를 친다.
"오늘은 절대 오르막이 업고 시원한 계곡에서 알탕만 합니다."
하더니 개뻘~~!!
처음부터 오르막으로 시작하더니 조금 가니 밧줄을 잡지 안으면 지나갈 수 엄는 길이 나의 목숨을 걸더니 또 바위를 타고...지난 겨울 바위산 마니산을 떠올리니 아찔하다.
이 나이에 밧줄까지 타고 알탕을 하러 가야하는 신세가 한탄스럽지만 또 징징거리면 다음에는 나 절대 떵가 놓고 갈까봐 오늘도 입 닥치고 쫓아간다.
이것이 나의 살아남는 방법이라고 생각하니 역시 인간은 마음을 비우고 살아야 편한 것이라고 재차 느껴진다.
친구들아~~!!
이 나이에 서로 으르렁 거려서 무엇하고 친구에게 이래라 저래라 참견을 해서 무엇하리~~!!
잘나봤자 얼마나 잘 났다고...
못났다고 뭐가 그리 부족하다고...

내 할 일 내가 알아서 하면 되고 남에게 했느니 안했느니 참견하지 말고 살자.
좆 같으면 좆대 맘대로 휘두르는 곳에 가서 살면 되고 꼴리면 산꼭대기가 가서 풀릴 때까지 고래고래 소리 지르면 되는 것이고...
그렇게 저렇게 오늘도 회장님에게 속아서리 멋진 폭포가 있는 계곡에 자리를 잡으니 좋기만 하다.
지난 달 관악산가서 언놈의 야부리로 꼬아 놓은 우리 또래 아가씨 둘을 달고 올라오니 사내놈들만 올라온 것 보다는 백배 부드러운 분위기다.
땀을 삘삘거리며 올라왔더니 온 몸에 땀이 범벅이다.
애라 몰 것따~~!!
풍덩~~!!
먼 소리냐고?
0.1t 계곡물에 몸땡이 던지는 소리가 요란도 시럽다.
오늘도 너도 나도 준비해 온 도시락을 푸니 푸짐하다.
여기저기 배낭에서 막걸리가 나오고 얼린 소주가 나오고 훈장님 가방에선 깔끔하게 정리된 과일과 오이가 나오고 아침에 구웠다는 군고구마가 물고구마라서 물컹물컹 낭랑 18세 소녀의 입술같이 입안에서 살살 녹는다.
18세 순이의 입술이 더 맛은 있었지만~~쩝^^
한잔씩을 걸치고 본격 알탕으로 돌입한다.
"소주 남은 것 가 온나"
물 위에 작은 의자를 놓고 임시 상을 펼친다.
분위기 디져부네~~!!

너도 한잔 나도 한잔...주거니 받거니 하니 시간이 지나가다 관악산에 태클이 걸려 멈추어 버린 듯하다.
“정석이 너 오늘 산에서 디질라고 하냐?”
치사량이 이미 넘어섰는데 계속 소주를 들이킨다.
정석이를 관악산에 놓고 오면 너무 슬퍼 잉~~!!
“물속에서 먹는 술은 절대 안취하니 걱정마라~~!!”
과학적으로 절대 증명이 안 된 소린데?
“언제 우리가 과학적인 것 따지 살았냐? 대충 어울렁 더울렁 살다가 소풍 끝나면 인생 보따리 싸는 거지...”
맞는 말이지렁^^
안주는 물위에 띄어 놓고 소주병은 물 속에 던져 놓고 술 한잔 치고 안주 한 개 입에 쏠랑하니 세월을 마시고 인생을 즐기는 맛이 삼천궁녀를 품고 살았던 의자왕 부럽지 않다.
거기에다가 소록소록 구름비까지 내리니 덥지도 않고...
근데, 물속에 오래 있으니 붕알이 자꾸만 쪼그라든다.
“니거 어딨어?”
“찾는 중이다...”
물속에 빙 둘러 앉아 잘들 마시고 먹는다.
나 살금살금 계곡 쪽으로 올라가서 물속에 앉는다.
그리고 조용히 몸을 한번 털고 바로 뿌린다.
시원한 물속으로 나의 뜨거운 불순물이 뿌려지는데 친구들은 내 바로 앞에서 좋다고만 재잘거리는 것을 보니 괜한 나의 양심이 찔리긴 하지만 이미 발사됐으니 나보고 어쩌라고~^^
일어나 다시 몸을 털었는데도 내가 무엇을 했는지 관심들이 한 개도 엄다.

가져 온 술도 바닥이 났으니 이제 내려가서 먹을 차례지렁.
올라왔던 산길을 따라 하산을 하는데 장마 이후라서 그런지 계곡물의 수량도 많고 친구들의 마음만큼 맑기만 하다.
오늘 근무라서 못 온 쭌구만 빼고~~!!
"이짝으로 내려갑시다."
우와~~
잔디밭은 아니지만 잡초가 이렇게 이쁘게 자라 넓은 군락을 만들어 밟을 때마다 꽃길을 걷는 듯 촉감이 참 좋다.
"꼭 외국에 온 것처럼 초원이 이쁘다!"
모두가 감상들을 하면 내려오는데 응? 태규가 야외 음악당 무대로 올라간다.
그리곤 바로 우리가 모르는 가곡을 한곡 때린다.
보슬비 오는 초원에서 울려 퍼지는 노랫가락이 한 마리 학이 되어 서울대 교내를 훨훨 날으니 여름날의 하오 시간이 너무 서정적이다.
모두들 박수갈채에 지나가는 서울대 음대생들도 함께 환호해 준다.
"오빠~~!!"
오늘은 태규가 용필이형 부럽지 않다^^
그런 놈이 교내에서 담배질을 해도 되는겨?
"뭐 자시러 갈까나?"
버스를 다시 타고 봉천시장에서 내린다.
병철이가 자주 간다는 맛난 생선구이집 앞으로 갔는데 손님이 만땅이다.
태규 안으로 들어간다.

'쟤는 자리도 엄는데 들어가네...'
태규 안에 있는 손님들과 몇 마디 하더니 나온다.
"다 먹었데~~!!"
헐~~~
먹고 있는 손님을 쫓아요!
눈치 한 개도 엄을 땐 이럴 때는 또 편해요~~^^
"싸장님! 여기 꽁치, 서대, 오징어, 조기구이 각 1접시씩 주셔요!"
"저 싸장 아닌디요?"
누가 물어봤어?
물어봤냐고?
아님 말지 꼭 우리들한테 알려주는 의도가 뭐냐고?
오늘은 술이 달디 달은데 저 자껏이 우리들의 술잔에 태클을 걸라꼬 엉기는겨?
까불고 있어~~!!
전화 온다.
"어디냐고?"
창현이 지금 택시 탄 댄다.
2월 강화도 마니산 산행 때 안산에서 택시타고 달려온 우리의 의리쟁이 창현이가 날라 온단다.
"지금부터 자리 정리 좀 한번하고..."
창현이도 온다는데 시마이여?
"창현이 온다는 자리 한번 정리하고 더 먹자고~~!!"
그럼 그렇지렁~~쩝^^
그렇게 기다리던 창현이 도착하니 다시 술잔의 순배가 돈다.

後來三盃를 꼭 지키는 멋진 친구다...
아니면 술을 진정 사랑하는 친구다^^
근데?
전주가 있었는지 조금 마시더니 자리를 옮겨 한잔 더 하는데 슬그머니 나가더니 집으로 가 버린다.
"창현이 갔다."
모두들 의아해 하면서도 이해하는 눈치다.
"그 친구 그냥 갈 사람 아닌데 오늘은 힘이 들었나보다."
안산에서 택시를 타고 바로 달려와 준 고마운 친구에게 박수를 보낸다.

보슬비가 보슬보슬 내리는 여름날의 하루를 낭만처럼 보낸 관악산의 여름 소풍이 참 즐거웠다.
곁들여 계곡물에 띄워놓고 치는 술은 너무 달았다...
정말 '오늘은 술이 너무 달다~~!!'가 저절로 읊어지는 하루였다.
이렇게 저렇게 어울려 살아가면 되는 것을 친구들 앞에서 정치하려 드는 행동은 삼가시고 너도 나도 배울만큼 배웠고 있을만큼 있으니 결코 친구의 속으로 참견하려는 우를 범하지들 맙시다~~!!
오늘은 술이 너무 달다~~~쩝^^

막내 삼촌

나의 어머니는 다섯 살에 두 살 어린 친동생을 심한 홍역에 걸려 잃어버리시어 졸지에 형제가 엄는 외동딸이 되시어 옆 동네 사는 어머니의 큰집 오빠들, 언니, 동생들과 성장을 하시었다고 한다.
어머니의 큰집은 자식이 모두 8남매였는데 모두가 우리 어머니를 친형제처럼 대해 주시어 다행히 외롭지 않게 자라셨는데 현재도 외삼촌들과 이모들이 자주 어머니를 보러 오시고 집안 애경사가 있으면 항상 왕래를 하고 있다.
그런 즈음 3개월 전 막내 외삼촌이 암으로 투병하시다가 또 재발이 되어 하늘로 떠나셨다...
가까운 부천의 장례식장에서 코로나로 사망한 환자들 속에서 근처 식구들만 모여 조촐하게 초상을 치루었는데 어젯밤 갑자기 어머니가 막내 외삼촌에게 전화 한번 넣으라고 하신다.
이맘때가 막내 삼촌 생신이신데 어떻게 몸은 회복이 되어 잘 지내고 있는지 궁금하신가 보다...
막내 삼촌을 유독 이뻐하고 챙겨주시는 어머니인지라 섣불리 외삼촌 사망 이야기를 하면 충격을 받으실 것 같아 지금껏 이야기를 하지 않았는데 삼촌 생일이 생각나서 물으시니 어찌해야 하나...
고개를 한 풀 떨어뜨리고 어머니에게 말을 한다.
"어머니! 외삼촌 돌아가신지 몇 개월 되요..."
어머니 그 말을 듣자 말이 없으시다가 당신 방으로 들어가시며 혼자 읊조리신다.

“갔구나...”

평소 문을 닫지 않고 사시는 당신 문을 지그시 닫는다.

그렇게 한 시간이 지나고 두 시간이 지나도 문이 안 열린다.

“어머니!”

노크를 하니 문을 열어주신다.

“그 얘 얼굴이라도 한번 보고 보냈어야 하는데...”

“어머니 코로나로 사망한 사람들이 많아서 염도 제대로 안해서 저도 삼촌 얼굴 못보고 보내드렸어요!”

“우리 막내 내가 많이 보고 싶었을텐데...”

“식사 하셔야지요.”

“자네나 먼저 먹게...”

다시 문을 닫으시는 어머니의 손길이 파르르 떨리신다.

큰할머니가 50넘어서 낳으셨다는 늦둥이 막내삼촌의 얼굴이 회한으로 남는 밤이다~~!!

목계나루

남한강을 따라 흘러가다 충주쯤에 다다르면 목계나루라는 작은 나루가 있다.
봇짐매고 한양으로 물건을 팔러가는 보부상들, 뗏목으로 엮어 목재를 운반하는 잡목꾼들의 쉼터였었다고 한다.
그러니 그곳에 자연스럽게 민박집이 생기니 주막집도 생성이 되어 지나가는 객잔들의 피로를 풀어주곤 했던 장소였으리라...
최근까지도 그 자리에 싸구려 분을 바른 잡부들의 니나노판 집이 몇 개 있었다.
그런데 예전처럼 객잔들이 없으니 술꾼이라고 눈에 보이는 작자들을 발견하면 속고쟁이까지를 벗어 가면 달라붙어 쩐뿐만이 아니라 사내의 순정까지도 밤새워 빨아대는 사랑쟁이로 변신하여 아침에 일어나면 밤새 달라붙어 먹은 두 연놈은 피골이 상접하기 일쑤였다고 한다.
환갑은 돼 보이는 주모가 시야까이를 하여 주막에 든다.
"목계나루에 오면 뭐가 유명해?"
"그거야 당근 목계니까 닭요리지!"
"목계의 계자가 닭계자야?"
"그럼 당근이지!"
"그럼 자기는 뭔계야?"
"나야 당연히 영계지~~~!"
뻔뻔한 년!
니가 영계면 나는 금방 나은 유정란이다 이년아!

“오늘밤 내가 영계백숙 한 상 올릴께~~~”
“자신 있어?”
“그러엄~~!!”
엉겨 붙는 주모, 축 쳐진 젖가슴으로 돌진을 해 온다.
“알았어. 오늘밤 자기랑 쌍알 깔 수 있단 말이지?”
“자신 있다니까!”
저 년이 뭘 믿고 이렇게 자신감을 뿜어대지?
궁금해진다.
월악산의 신성한 정기를 받아 담갔다는 월악산 막걸리에 취기가 돈다,
“서방님 이불 깔아 놓았사옵니다.”
흐미~~
술이 취하니 저 년이 정말 영계처럼 보이네~~쩝^^
그렇게 합방을 하고 운우를 즐기는데 정말 주모가 영계의 맛인지 폐계의 맛인지 모를 정도로 계집년의 서비스가 죽여준다.
그렇게 혼미한 밤이 지나고 강변으로 불어오는 여름날 바람을 맞으니 참 상큼하다.
“자기야! 나 언제 다시 올까?”
“다시 오지마...하룻밤 사랑이 그리워지면 우리는 여기를 떠나야 돼...”
지그시 남한강을 바라보며 내게 던지는 말이 주모의 추억이 가득 담긴 채 강물에 실려 흘러간다.
“왜?”
“사내를 사랑하면 사내를 따라 목계나루를 떠나야 하잖아...

그게 우리의 운명이야..."
그 말을 들으니 슬퍼진다.

나무처럼 묵직이 한곳에 머물러 지나가는 사내들의 웃음이 되어주고 조롱거리가 되어주어 세상의 회한을 주는 주모 자네는 정말 영원한 영계이자 木鷄라네~~^^

똥침

방산시장에 볼일이 있어서 지하철5호선 방화역에서 전철을 탄다.
김포공항, 화곡동을 지나 목동역쯤 오니 거의 빈자리가 엄고 내 옆자리로 귀엽게 생긴 정장차림의 초보 숙녀가 앉으려고 워밍업을 하고 있다.
"음마! 엉덩이가 너무 이쁘당~~!!"
갑자기 엄지손가락을 새워 숙녀 앉으려는 자리에 갖다 대려고 하는 찰라!
그러면 나 바로 지하철 경비대로다 끌려가 그동안 쌓아놓은 소설 포지션이 조져 포지션이 되어 버리겠찌렁?

고1때 멀대 이형석이네 놀러를 갈라꼬 남영역에서 전철을 탔는데 신광여고 지지배들이 우리랑 한칸에 탄다.
못생긴 것들이 교복도 후져가지고 엠병 떨게 떠들고 G~~랄들이넹^^ 날샌돌이 우리는 자리를 잡아 앉았고 못난이 세 자매는 서서 가는데...
잉?
멀대 옆자리로 빈자리가 생기네?
몬난이 세 자매들 약속이나 한 듯이 디립다 뛰어 빈자리 쟁탈전을 벌인다.
후와~~!!
그 중에서도 젤로 몬생긴 자매가 잽싸게 앉으라는 찰나 멀대 친구 엄지손가락 하나만 펼치고 의자에 손을 갖다 대고...

"으악!"
안 봐도 비디오지?
사건은 그때부터다!
"야! 졸린상고 니들 다 죽었어~~~!!"
그 말 한마디 떨어지자마자 갑자기 옆 칸에서 더 안 생긴 자매들이 동원된다!
"너야?"
"...나 아니야!"
나 기죽어 모기만하게 대답을 하자 바로 날라 온다.
"어? 1학년 삐리가 말까네? 아 임마! 나 2학년 누나야 임마!"
AC~~
나이로 기부터 죽이고 지랄이네~~쩝!
"그럼 너야?"
"나도 아닌데요!"
엉?
딸랑 멀대랑 나랑 둘 뿐인데?
너도 아니면 뉴규?
"어? 이것들이 완전 엉까네? 디질래?"
"살래요..."
"저 시끼들 주댕이부터 죽여 놓자!"
"그래. 졸린상고 시끼들은 다 구라들 잘 치더라...죽여라~~"
더 안 생긴 자매들 한꺼번에 엉겨 패고 꼬집고 물어뜯고...
6.25때 난리는 난리도 아닌겨~~~!!
"니들 그만 안 둘래?"

지옥 속에 갇혀 있는데 어디선가 생명의 빛이 비춘다.
공안 아저씨다.
"이놈들이! 연약한 학생 둘을 집단으로 린치해? 당장 떨어져!"
아저씨의 말이 떨어지자 몬난이 때거리 자매들 우리들에게서 물러난다.
"엉?
니들은?
남학생?"
세 번 놀라는 소리...
"일어나!"
아저씨의 말에 멀대 일어나자 아저씨 기가 차나보다.
190이 다되는 멀대의 위아래를 한참 걸려 스캔하더니 한마디 하신다.
"야 임마! 낼부터 때고 다녀 임마!"
아저씨!
그게 아니잖아요.
"야! 니들 앞으로 학교 앞에서 우리 보면 누나라고 깍듯이 인사 똑 바로들 해라!"
후와~~저것들이...
공안 아저씨,
벌써 여학생들 편이 되어 우리들 뒤통수들 한대씩 까며 말한다.
"야 이 남자 망신자들! 누나들에게 사과해 임마!"
"...미...안...해요. 누님들..."

하!
그렇게 개망신을 당하고
며칠이 지났다.
등교를 하러 신광여고 뒷골목을 지나오는데 어디서 마이 본 지지배들이 선배들에게 열차례를 받고 있다.
"이것들이 입학한지 얼마나 됐다고 2학년들 앞에서 맞담배질이야!"
그러면서 열차례를 받는 것들...
며칠 전 전철안의 그 누님들이었따!
죽일 년들!
우리는 디지게 몬난 놈들~~쩝^^

마파 두부

10여년전 곤지암 도자박물관이 경기 도자박물관으로 개명을 하면서 박물관 전체를 리뉴얼하면서 6개월 임시 본부장으로 근무를 할 때 알게 된 그 지역 행사팀원 몇 명을 지금도 가깝게 지내고 있는데 그들이 모두 이천에 살고 있다.
좋은 일이 있을 때, 슬픈 일이 있을 때 친동생들처럼 달려와주고 달려가고 하면서 참으로 편안하게 지내는 관계로 한 달에 한번 정도는 일부러 내가 넘어가곤 한다.
몇 명이 우르르 넘어 오기보다는 나 홀로 넘어가는 것이 편하기도 하고 이천에서 10여분만 벗어나도 여주 신륵사니 세종대왕 능이니 명성왕후 생가, 금모래 은모래 남한강의 백사장이 가슴을 뻥 뚫게 해준다.

그런데 어느 날부터인가 야외를 가지 않고 이천 시내 중앙분수대 근처에 중국집 하나가 나의 발목을 잡아 버렸다.
화교가 운영하는 정통 청요리집인데 여러 가지 요리들이 참 맛있는데 그 중 유독 내 입맛에 쩍~~붙은 그건 바로 그 집의 마파두부 요리였었던 것 이었다!
"형님! 멀리 오셨는데 좋은 것 사 드린다고요..."
양장피, 난자완스, 훠궈, 양꼬치...맛난 것 많은 것 나도 안다고요!
근데 나는 왜 마파두부가 그렇게도 맛이 있을까?
중국 남쪽 하남성의 매끔한 고춧가루로 양념을 하여 얼큰한 맛이 매우면서도 달큼하고 뜨거운 물에 살짝 데친 두부의 부드러운 식감이 처녀가 시집와 첫날밤에 옷고름 풀 듯 설레는 맛이 입안에서 스르르 녹아 난다.
“너희들은 모른다. 숫처녀의 맛을~~~!!”
“에이! 저도 숫처녀 된장 발라 봤는데 그 정도의 맛은 아니라고요...”
“너는 숫처녀 먹을 때도 된장 발라서 먹어서 그래. 그게 처녀 맛이냐? 된장 맛이지~~쩝^”
“형님이나 이제 된장 그만 드세요!”
“내 몸에는 된장이 궁합에 맞다니까!”
“봄에 베어스타운 놀러갔을 때 제 딸래미가 뭐라고 한줄 이세요?”
“?”
“형님한테 된장 냄새가 난데요 글쎄!”
“뻥까지 마! 수진이가 나를 얼마나 좋아하는데...”
“형님이 수진이를 꼭 껴안고 있으니 좋아하는 척 하는 거지?”
“야! 아무리 내가 된장을 좋아한다고 그렇다고 인간에게서 된장 냄새가 난다는 것이 말이나 되냐?”
“하여간에 한국 사람에게 마늘 냄새가 나듯이 형님한테는 된장 냄새가 난다고요...”
저 시끼가 우길 것을 우겨야지 말도 안되는 것을 박박 우기고 ZR이넹~~~!!
하여튼 간에 이천의 청요리집 마파두부 맛은 지금껏 먹어 보았던 두부요리 중 최고의 맛이고 이천의 청요리집이 사라지기 전까지~~!!
내가 구적골 찾아가기 전까지~~!!

단막 꽁트

제목 : 마지막 함흥차사

등장인물 : 쎙(태조 이성계)
다구(백구동생)
찬(성석린)
갑(태종 이방원)

시대배경 : 조선 초기 충청도 대천 앞바다.

F/I

무대 막이 오른다.

봄 햇살 따사롭게 드는 송림에서 태조가 산책을 하고 있다.

성석린 : 상왕마마! 미천한 소신 알현 드리옵니다.

태조 : 오! 그대 먼 길 오시느라 노고가 많으셨네.

성석린 : 아니옵니다. 차를 몰고 와서 그리 멀지 않았사옵니다. 그동안 존체 존안하시었는지요?

태조 : 안 가르쳐주지~~!!

성석린 : 좀 가르쳐 주시옵소서.

태조 : 가르쳐 주면 방원이한테 휴대폰으로 이를라고 그러는 거지?

성석린 : 어떻게 아셨습니껴?

태조, 화가 나서 경호팀 신하들에게 호령을 때린다.

태조 : 내 그럴 줄 알았다. 여봐라! 저 인간의 휴대폰을 빼앗아서 조근조근 뽀샤삐라....

성석린 : 잠깐! 마마 그럴 필요까지는 엄사옵니다.

태조 : 와?

성석린 : 태종마마께서 녹봉을 연체시켜서 발신이 안 되고 있은지가 달포가 넘었사옵니다.

태조 : 에이 그 시끼 몬양빠지게 신하들 전화까지 연체를 시키고 지랄이고?

성석린 : 그러게 말입니다. 누구 아들 아니랄까봐?

태조 : 너! 디질래?

성석린 : 상왕마마! 태종마마께서 맛난 조개와 오겹살을 굽어 놓고 마마 오시기만을 기다리고 있으니 속히 태종마마에게 돌아가심이 목숨을 부지하는데 이로운 줄로 아옵나이다. 예~~!!

태조 : 저게 아주 마지막 함흥차사라꼬 간이 배 밖으로다 외출을 했구만? 나 안 데리고 오면 나도 죽여 버린다고 태종이가 그러디?

성석린 : ...아니요. 저요...

태조 : 그럼 너나 가서 디지던가!

성석린 : 그렇게 쌩~~까시면 곤란한데요?

태조 : 오우! 저것이 아주. 내가 예전에 쪼매 이뻐해줬더만 이젠 아예 기어오른다 이거지?

성석린 : 근께 존말할 때 가자 이거예요! 저도 살아야 될 것 아닌감요? 딸만 셋인데다가 막둥이는 이제 초등학교 2학년 밖에 안 된단 말이여요....마마! 가자 잉~~

태조 : 저 인간 또 게기기 시작하네....

이 때 맛나게 생긴 백구 한마리가 꼬랑지를 흔들며 나타난다.

성석린 : 근데 마마! 맛나게 생긴 저것은 뭡입까요?
태조 : 침 흘리지 말고 얘기해라. 낫살 먹고 음식 앞에서 침이나 흘리고 하면 추잡스럽다.
으흠! 백구동생 다구라고....다구야! 내 옛날 잘 나가던 시절에 한양에서 내 쫄다구였던 성대감이다.
인사 여쭙어라.
다구 : 멍멍!
성석린 : 저 시끼가 인사를 하라고 했더니 짓고만 지랄이네. 똑바로 인사 몬해?
다구 : 멍멍!
성석린 : 너 자꾸 그러면 된장 발라버린다?
그 말에 혼비백산한 다구, 바닷가 햇볕 잘 드는 곳으로 줄행랑을 치더니 모래사장에 배 깔고 디비 누워 버린다.
성석린 : 역시 개 팔자가 상팔자여!
이렇게 해서 태조를 태종에게 데려오는데 성공한 성석린은 목숨도 부지하고 태종의 신임을 얻어 높은 벼슬도 얻게 되어 그 때부터 백성들의 피를 쪽쪽 빨아 모은 돈으로다 태조와 태종을 위해 큰 잔치를 벌리게 되었다.
성석린 : 두 분의 용안을 함께 보니 소신 이제 죽어도 여한이 엄을 것 같습니다.
태조 : 저게 나보다 생일도 늦은 것이 죽는 타령은?
성석린 : 상왕마마! 오는 것은 차례가 있다지만 갈 때는 차례가 엄다고 했사옵니다.
태조 : 그래서? 먼저 보내줄까?
성석린 : 상왕마마! 제 막내가 이제 초등학교 2학년이옵다.

사랑하는 제 딸 수빈이를 두고 어찌 제가 눈을 감을 수가 있사옵께나이까. 통촉해 주시옵소서!

태조 : 근께 인간아! 술이나 한 잔 치란 말이여~~!!

태종 : 아바마마! 이렇게 강건한 용안을 뵈오니 제 마음이 너무 흡족하옵니다. 잘 오셨습니다~~!!

태조 : 뻥까지마라 이놈아! 그래도 너에게는 족쇄 안준다.

태종 : 아바마마! 족쇄가 아니라 옥쇄 아니옵니까?

태조 : 어쭈리! 저게 대갈 좀 컸다고 애비를 가르치려드네?

태종 : 그것이 아니오라....

태조 : 녹쇄건 속쇄건 신하들 쇄가루나 제대로 줘라. 휴대폰 전화비나 연체시키고 에잉~~

저게 어디서 나와가지고...

성석린 : 대비마마 뱃속으로 알고 있사옵나이다....

태조 : 어유 저걸. 수빈이만 아니었음 벌써 작살을 내 버렸어야 하는데...

태종 : 아바마마! 이젠 저에게 이 나라를 맡기시고 평안한 여생을 보내시옴이 어떠실런지요.

태조 : 니 형, 동생들 싸그리 갈아 마시더니 이젠 나도 눈엣가시냐? 얌마 까불지 마. 나 이성계야!

태종 : 연세도 있으시고 하니 이젠 제 뒤에서 치정을 하심이 어떠실런지 해서 말씀...

태조 : 연세? 그건 신촌에 있는거고....치정? 부자지간끼리 톡 까놓고 얘기해 보자. 정몽주를 죽인 니가 치정이 많지 나는 엄다. 내가 죽이라고 했다고 역사책에 쓰지 마라. 너를 100% 믿지 몯하지만....

태종 : (뚜껑 열려 벌떡 일어선다.)아버님!
태조 : 왜불러~~!!
태종 : 이 시점에서 꼭 물어 볼 것이 있사옵니다.
태조 : 물어보나 말거나~~
태종 : 아버님 꼭 한 잔 하시면 읊조리시는 주문 있지 않사옵니까?
태조 : 그래서? 내 술 먹을 때 외우는 주문이 너한테 뭐 꼬운 짓거리라도 한겨?
태종 : 그거 있지 않사옵니까? ...딸따리 고무신~~이라고 하시는데 앞에 글자가 뭡니까?
태조 : 저 돌대가 시끼 48년을 먹여주고 키워줬더니만 아직도 몬 외우고 지랄이네. 저걸 아들이라고 까놓고 미역국을 먹었으니...
성석린 : 마마가 아니오라 대비마마께서 드신 걸로 아옵니다.
태조 : 너는 태종이 저시끼 다음으로 주댕이 꼬맬 준비하고 있어.
태종 : 아버님! 오늘은 꼭 좀 알려주십시오.
태조 : 웃기는 아들이네. 넌 함흥에도 안 가봤냐? 원조 함흥 냉면집 할매도 육수 비법은 아들, 손자에게도 안 가르쳐 준다는 것을 모르는구만....안 그냐 다구야?
(그때까지 태조의 품안에서 자고 있던 맛나게 생긴 다구의 머리를 쓰다듬어준다.)
태종 : 아버님 오늘은 제발!
태조 : 배째라!
이렇게 그 날도 태조는 태종에게 ....딸따리 고무신 주문문의

앞부분을 가르쳐 주지 않고 연회는 끝자락을 향하고 있었다.

태조 : 난 이제 피곤해서 일어 나야겄다. 마이들 쳐 무라...
다구야 가자!

다구 : (꼬랑지 욜라 흔들어요.)멍멍!

태종 : 아바마마! 잠깐!

태조 : 2차 노래방 가자고?

태종 : 아니요. 오늘은 달례가 엄는 관계로다 여기에서 시마이하고요....제가 아버님의 만수무강을 위해서 건배 선창을 한번 하겠사옵니다.

태종 : 그러던가 말던가~~

태조 : 상왕폐하!
만수무강을 위하여 칙칙폭폭 딸따리 고무신!

모든 신하 : 칙칙폭폭 딸따리 고무신!

F/O

이렇게 해서 조선시대부터 우리나라 고무신 산업이 활성화되어 무식한 태종의 외침 한마디인 [칙칙폭폭 딸따리 고무신]이 비로소 기차표 고무신으로 발전했다는 설이 지금도 대천 앞바다에 전해져 온데나 만데나....푸하하하!

10년은 더 살 것지렁!

호암산 삼막사를 가는 길은 성철스님 만나러 가는 길보다도 더 힘이 드는데 친구들 잘도 걸어 올라간다.
출발부터 깔딱 고개가 시작된다.
오늘 코스를 정한 완희의 의도적임이 분명한데 증거가 엄어서 내만 디지게 고생해야지 생각하며 눈물을 삼키는 사나이의 찢어지는 가슴을 완희는 알까나?
시작부터 조금 오르다 쉬고 오르다 쉬고...뒤 따라오는 꼬마 여자아이가 나를 추월해 열심히 산을 오르는데 참 몬양 빠지게도 산등성 하나 넘는데 몇 번을 쉬고 있으니...
그런 나를 뒤에서 기다려주는 착한 쭌구는 또 먼 고생이냐?
겨울 월악산도 거뜬히 오르던 싱싱한 시절도 있었는데 동네 뒷산 정도밖에 안되는 둘레길을 정복하지 못하고 이렇게 시름을 하고 있는 지나간 청춘이 아쉽기만 하다.
힘을 내서 지팡이 하나 의지하면서 깔딱깔딱 중턱 좀 오르니 시흥동이 내려다보이고 서울대 식물원이 발아래 깔리니 동공이 시원해진다.
이런 기분으로 산을 오르는 것이 맞는데 올라가는 것이 넘 힘들어 잉~~!!
친구들 한번 쉴 때 나 두세 번 쉬고 올라가면 나 기다려 준다고 쉬다가 내가 도착하면 또 출발해 버리는 의리없는 짓거리들 미워 잉~~!
나도 좀 쉬어야 힘을 내서 또 갈 것 아니냐고요...
집에서 나서면서 그런 생각이 들더라!

아무리 힘들고 어려운 시간이라도 국방부 시계는 돌아간다고...아무리 할 일 엄고 심심해도 면사무소 현관의 시계는 돌아가더라^^
이런 자세로다 오늘 산행을 하는 굳은 각오를 하고 나온 줄 니들은 모를거다.
근데 가도 가도 "밥 먹고 합시다!"는 소리를 안하네...쩝^^
그렇게 또 정신줄 놓고 친구들 꽁무니 따라잡기를 30분여가 지나자 드디어 완희가 산속으로 들어간다.
아싸~~!!
잉?
닝그리~~!!
오줌 싸러 들러 갔다 오잖여?
나는 배가 고픈디...바르게 말하면 막거얼~~리가 땡긴다는 소리징^^
오르고 또 오르면 오르니만 몬하리~~노래를 흥얼거리며 가자 드디어 오늘의 오찬장에 도착.
각자 싸온 음식들을 펼쳐놓고 중년의 하루를 즐겁게 해 줄 점심상을 차려놓고 건설적인 이야기 한 토막 없이 노가리를 까대며 산위에서 불어오는 봄바람처럼 사라지는 음주를 아쉬워하며 맛난 하오의 시간을 보내고 배운 자들답게 자리를 말끔히 정리하고 다시 출발~~지나고 봄바람 살랑이는 중턱쯤에 오르자 어디선가 외치는 목소리.
"엿 먹어라!"
우이씨!
여기까지 디질 힘으로다 올라왔는데 누가 약 올리는 거야?

"누구야?"
소리를 치자 벙거지를 눌러쓴 할머니가 나를 쳐다보며 한마디 더 한다.
"엿 먹으라고!"
하면서 엿 봉지 하나를 내게 들이댄다.
엿장수 할머니였다.
"내 몸 하나도 건사하기 힘든데 엿까지 이빨에 끼면 무게 더 나간다고요...안 먹어요!"
"싫음 말고~~~!!"
후아~~~~이 할머니 이 높은 산에까지 올라와 내 인생에 돌팔매질을 하는구만 잉~~~
좀 전에 멋진 바위가 있어서 친구들과 단체 사진을 찍을 때 젊은이들에게 사진 한 장 찍어 주기를 부탁할 때 그 친구들이 우리들한테
"어르신들 알겠습니다!"하길래
내가 자신있게 말을 했었지.
"우리 아직 청춘이야!"했는데...
엿을 팔기 위해서 이 높은 산까지 올라온 저 할머니가 더 나보다 청춘인 것 만 같아 기가 죽는구만요^^
조금을 더 내려오니 이번엔 등산 모자와 토시를 파는 아줌마가 두 나무 사이에 해먹을 쳐놓고 그 위에 앉아 산속의 봄날을 들기며 장사를 하고 있네.
"신선이 따로 없구만?"
말을 던지자
"인생 뭐 있어?"

해먹위에 앉아서 인생의 해탈을 논하는 당신은 진정 숲속의 몬생긴 모자 공주냐?
바위들만 깔린 내리막길을 아슬아슬 걸어오는 내내 뒤에서 길을 인도해준 준구의 눈물 나는 보살핌이 나의 가슴을 뜨겁게 감동을 준다.
뺑이야^^
침착하게 앞을 걸어가는 호철이의 발길을 쫓아 힘이 다 소진될 정도로 하신을 하니 염불사라는 작은 절이 나온다.
'염불하고 있네...'
불교에서는 심도 깊고도 정길한 표현인데 왜 '염불히고 있네!'라는 비속어가 생겼을까?
아마도 나처럼 세상 불량하게 사는 놈들 땜에 생긴 것이 아닐까? 하는 성찰을 해본다.
희석이가 포토존 좋은 곳이 있다고 하여 사진 몇장 박고 오솔길을 걸어 내려오자 산 중턱에서 흘러내리는 냇물이 졸졸 흐르는데 아직은 물이 차다.
갑자기 완희와 희석이가 양말을 벗더니 동시에 물속으로 발을 담그네?
오래 버티기 내기를 한단다.
그래...요런 것도 한 추억으로 우리 인생의 앨범 한 칸을 차지하겠지? 큰 길을 내려오자 음식점들이 즐비하다.
옛날 안양유원지에는 쩝^^된장집이 많았는데...
반갑게 아직도 남아있네
보신탕!
밑에 작은 글씨로다 "통개"

후아 저게 바로 쩝^^의 원조징!
"쫀구야! 이런걸 먹어 줘야 하는겨."
"근데 통개가 뭐냐?"
쟤는 무주 촌놈이라 어릴 적에 된장 많이 발라서 알텐데?
알면서 묻는거야? 모른 척하고 묻는거야?
"한 마리 통째 쩝^^"
"갑아! 침 닦아라~~!!"
그렇게 슬프게 통개집을 지나는데 왜 이리 걸음이 안 떨어진다냐...
내려 왔으니 먹거리 한잔으로다 시마이를 하려고 하는데.
오잉?
왠 흑염소집?
오늘 우리 너무 호강하는 것 아니여?
지난주 상빈이 작은 딸 결혼식에 산악회 친구들 찾아와 줘서 고마움에 저녁 한번 산다고 했는데 산에 온 김에 겸사겸사 답례한다고 해서 허리띠 풀어놓고 기똥차게 맛난 흑염소 한 마리 통째로 먹었답니다.
비록 통개 한 마리는 된장 몬 발랐디만^^
상빈아! 즐거운 만찬이었다...고마워!"
많이 몬이 안 좋았던 친구 놈 하나도 몸이 많이 회복 된 듯 맛나게 먹는 모습도 보기 좋았구...밥까지 볶아 그릇만 빼고 음식 싸그리 해치우고 배도 꺼질겸 태규와 호철이와 당구 한 게임을 때리고 마지막으로다 주당 태규와 통닭 한 마리에 소맥 몇잔을 치고 나자 하루의 보람참이 석양으로 떨어지는 노을빛을 따라 우리들의 즐거운 산행이 마무리 되는 것 같다...

오늘 산행 길에서 희석이가 내게 그러더라.
"갑아! 너는 우리들 덕분에 10년은 더 살거야...고맙지?"
나 힘들어서 숨 참아가면서 희석이게 그랬다.
"지금은 니들이 때려죽이도록 밉지만 내려가면 안아 줄지도 몰라~ ~^^"
힘들고 지칠 때 늘 끌어주고 밀어주는 친구들이 있어 늘 즐겁고 행복합니다!
오늘도 내일도 좋은 것만 보고 밝은 생각만을 하며 살아가는 날마다가 되기를 기원합니다^^

살랑살랑 꽃바람 처녀

동작역에서 앞에 가는 처녀의
봄내음 나는 모습에서...
옷깃은 한들한들
뒤로 묶은 머릿결은 출렁출렁
봄바람 맞은 가슴은
비린 처녀 향기로 가슴이 두근두근
걸음마다 떨어지는 봄 내음,
뒷모습만 보아도 뭇 사내들의 숨을 멎게 하는
아름다움이 눈을 저리게 한다.

외할머니

나의 외할머니는 울 엄니가 무남독녀 외동딸이라서 갈 때가 여기밖에 엄으니 당신 구박하지 말라고 외손주들에게 타협을 하시고 겨울만 지내시고 농번기가 되면 다시 함평 당신 집으로 떠나셨었던 겨울철새 같은 분이셨다...
전주 이씨 집안이라서 늘 행동과 언어가 바르시고 절대 먼저 나서지 않는 신중함이 몸에 배시어서 손자들인 우리들도 말 한마디를 조심스럽게 하곤 했다.
귤 한 봉지를 사서 드리면 몇 날 몇일을 고와라 아끼곤 하시며 드시면서 '우리 손자가 사왔다'고 되 내이시던 심성이 어여쁘신 분이었다.
그때는 지방에는 라면이 아직도 귀할 때라서 점심에 라면 한 개를 끊여주면 얼마나 맛나게 드시는지...
남은 국물은 꼭 보관해 두셨다가 저녁에 밥을 말아 드시면서 뭘 넣었길래 국물이 이리도 맛깔날까 연발 감탄을 자아내시곤 했던 기억이 새롭다.
봄이 되면 시골로 내려가시어 함평 평야가 내려 보이는 밭에 유채를 심으시면 5월의 노란 유채꽃이 만개를 한다.
그 꽃을 참 좋아하셨던 외할머니가 오늘 보고 잡다~~^^

건배 형님

몇 일전에 선배들이 나오라고 해서 당산역으로 기어 나갔다.
"어디 아프냐?"
"왜요?"
"니가 술 한잔 거부하길래!"
참 나,
'저는 좀 팅기면 안 돼나요?'
하려다가 그러면 저 선배들 떼로다 다음부터는 안 찾을 것 같아 주댕이를 꽉 다물고 있으니 또 그런다.
"너 할 말 있는 것 같은데 해봐라?"
오늘따라 왜들 내 인생에 태클을 걸라고 한디야?
"형님들! 저 할 말 엄고요 새해 복 많이 받으시고 만수무강하세요!"
"야! 너하고 몇 살이나 차이난다고 만수무강까지냐!"
"오뉴월 떼거리가 얼만데요 형님들은 참..."
2년 선배들이지만 니들은 나에 비하면 폭싹 익은 할배들이당~~~^^
"저게 은근하게 염장 지르네..."
"염장은 형님들이 작고하시면 바닷물에 재를 지내는 거구요..."
"나 참, 별 거지 발 싸게 같은 장례 소리까지 듣고 있네!"
"그럼 형님은 작고하시면 어떤 장례를 치루실건데요?"
"응 나는..."
그러더니 지들끼리 화장하는 것이 싫어 분묘장을 하느니 혼령이 되어 여기저기 싸 댕기기 싫어 납골당에 조용히 지내거니 공기 좋은 곳에서 책이나 벗 삼기 좋은 수목장이니 하면서 갑자기 열들을 올린다.
나 홀로 재미있다 싶어 팔짱을 끼고 쳐다보고 있자니 노땡이들이 정말 놀고들 있네~~~^^
"근데, 왜 갑자기 이야기가 디지는 쪽으로 간겨?"
내가 알아요?
"야! 니가 염장을 꺼내서 그런 것 아녀?"
그러더니 처음에 염장이란 말을 꺼낸 선배에게 화살이 돌아간다.
"니 시끼가 죽는다는 이야기 먼저 꺼냈잖아?"
"웃기지마 임마! 니가 먼저 장례 얘기 했잖아 임마!"
"적반화장도 유부수네..."
"저 시끼 또 화장 얘기하네..."
"야 이 무식쟁이야! 적반하장이지 화장이냐?"
"니가 분명이 조금 전에 화장이라고 했거덩?"
"아니거덩? 난 분명 하장이라고 했거덩?"
"나이 먹고 발음이나 잘 하세요..."
"너니 잘하세요!"
지금 내가 정말 별 거지 발 싸게 소리만 해대는 선배들하고 술을 마시고 있어요~~쩝^^
"야! 근데 우리 오늘 왜 만났지?"
"저 시끼가 만수무강이니 작고니 하는 소리 때문에 우리가 갑자기 죽는 얘기에 화장 얘기한 것 아녀?"
"맞아! 저 용갑이 시끼 때문에!"

참나, 별걸로다 인간을 고문 시킬라고 작당들을 하는구만!

"먼 향단이 허벅지 긇는 소리하십니까?"

"니가 먼저 얘기 꺼냈잖아?"

"제가 형님들 오래사시라고 덕담 한마디 했을 뿐인데 그것이 잘못 된 것입니까?"

"아니...잘 몬 된건 아닌데 이야기가 이상 소로꼬롬 해서리..."

"술이나 한잔 따라주세요~~"

"그렇지. 그래야 갑이지...건배!"

김건배 형님이 건배를 외치니 디럽게 웃긴다~~~쩝^^

나나 잘하세요

작은 아들놈이 아르바이트를 간다고 집을 나선다.

“아빠! 형 학교 앞에서 7시에 만나기로 했는데 아빠도 시간 되면 나와!”

“왜?”

“나 오늘 알바비 나오는 날이거덩! 내가 한잔 쏠께!”

알바비가 얼마나 된다고...

벼룩의 간을 내 먹는 것만 같아 대답을 안 하고 있자 아들놈 재차 말 던진다.

“나 알바비 짭짤하거덩~~아빠! 이따가 정문 앞에서 만나!”

그리곤 휑하고 사라진다.

갈까~~말까~~

술 사준다는데 나 거절하면 사람들이 그런다!

“어디 아파?”

AC~~!!

거절하는 게 아니라 가끔은 미안해서 거절할 수도 있는데...

그렇게 한번 거절하면 정말 술 안 사주는 인간이 젤 미워 잉~~^^

우리 아들놈도 그러겠지?

그럼 답은 나왔넹^^

7시에 시간을 맞춰 나가자 학교 앞에 두 형제 놈이 기다리고 있다.

“아빠! 뭐 먹고 싶어?”

“니들은?”

"오늘은 아빠 먹고 싶은 걸로다 먹자!"
홍대 먹거리 촌으로 들어오자 아새끼들이 바글바글하다.
코로나시대는 안드로메다 우주나라 이야기인 것처럼 여기도 저기도 젊음이 발산되어 사는 맛을 느낀다.
'퓨전 곱창'
곱창이 어떻게 변신되어 생소한 맛을 낼까?
궁금하여 문을 열고 들어간다.
빈 자리가 거반 엄어서 주방 옆으로 겨우 낑겨 앉는다.
나도 곰띠요 두 아들놈도 덩치들이 있어 귀퉁이에 낑겨 있으니 주인장 우리 자리로 온다.
"저 교수님! 자리가 너무 협소하니 안으로 모시겠습니다."
헐~~
내가 학생들 데리고 온 교수로 보였나보다^^
주인장에게 고맙다는 눈인사만 하고 안쪽 넓고 편한 자리로 옮겨 앉는다.
"아빠가 교수님처럼 보였나보다."
작은놈이 신기한 듯이 묻는다.
"아빠는 외모가 교수님처럼 보이긴 하지!"
"맞아! 이쁜 여자애들에게만 학점 후하게 주는 땡수!"
"우이씨~~이쁜 여자애들에게만 후하게 안 주거덩?"
"맞아! 아빠는 또 있지...촌지~~!!"
"니들이 촌지를 알아?"
큰놈 눈이 땡그래지며 대답을 한다.
"그럼 알지! '선생 김봉두'에서 차승원이 스승의 날에 빈손으로 온 애들에게 집으로 다시 돌려 보내면서 '봉투봉투 열렸네...'노래까지 불러줬잖아! 그거 보면서 아빠 얼굴이 클로즈업 되는건 뭔 사연이었을까? 민재야 글치?"
그래놓고는 둘이서 깔깔대는게 올매나 미운지...저것들을 그냥 확!
"야! 니들 아빠한테 한턱 쏜다고 오버하지 마라."
"오버가 아니라 평소의 아빠 모습이거든!"
"니들이나 잘하세요! 교수가 되든 학자가 되든 국기원장이 되든..."
아이들에게 그런 말을 하고나자 내 머릿속에서 맴도는 한마디...
나나 잘하세요!
사랑하는 나의 아들들아!
나나 잘 할 깨롱깨롱^^
오늘따라 두 놈들이 더 보고 잡다~~~쩝^^

귀신을 보셨나요!

나의 외갓집은 전남 함평 학교면이라는 조그만 소도시이다. 어릴 적 3년 동안을 외갓집에서 어머니와 떨어져 살았는데 할아버지가 서당 훈장님이시라서 나는 그 덕분에 사람들의 사랑을 많이 받고 자랐었는데 유독 나의 외할머니만 나를 구박하셨던 우주에서 유일한 한 분이셨다.
동네 중앙에 파란색 기와집이 할아버지 집이고 높다란 솟을 대문이 역시 서당다운 집이라서 대문 앞에만 서 있어도 지나가는 사람들이 인사를 하고 지나갔을 정도였다.
그 당신엔 한자 문화 시대라서 내가 다니던 초등학교의 교장 선생님까지도 나의 할아버지에게 오시어 무릎을 꿇고 앉아 한학을 배우고 가시곤 했었다.
소풍을 가는 날이면 할아버지를 모시고 오라고 선생님들이 간곡히 내게 말씀을 하시면 할아버지를 모시고 가면 교장선생님과 함께 맨 상석에 앉아 함평만에서 잡히는 낙지와 함평 한우를 섞은 육회 등 맛난 해산물들을 먹었었던 기억들...
내 인생에서 가장 귀하고 귀여움을 받았던 시절이 아닌가 싶다. 그 할아버지가 내가 서울로 올라온 지 1년 만에 돌아가시어 내가 얼마나 많이 울었는지 상여가 나가는지도 모를 정도로다 우물가에서 쓰러져서 눈을 뜨니 할아버지가 늘 앉아 '하늘천따지 가마솥에 누룽지...'를 읊조리셨던 장석에 누워 있었던 것이었다.
그렇게 나를 참 사랑해주셨던 할아버지가 돌아가시자 외할머니께서는 대궐같이 넓은 집을 정리하시고 뒷동산의 월산마을

이라는 작은 마을로 이사를 하셨다.
어머니를 따라 1년에 두어 차례 할머니 집을 찾곤 했었는데 30년 전 할머니마저 세상을 등지시니 이젠 갈 일도 엄어지고 초등학교 때 참 친하게 지냈던 윤철이라는 친구도 찾지를 몬하여 KTX역이 옛 할아버지 집 바로 앞에 건설되어 두 시간이면 갈 수 있는 거리인데도 목포 세발낙지를 먹으러 갈 때도 함평이라는 곳은 그냥 지나쳐 버리곤 한다.
그렇게 우리 할머니가 이사한 곳은 마을 공동묘지를 지나야만 하는 작은 산자락이 병풍처럼 받혀져 있는 전형적인 배산임수의 명당마을 동네인데 목포나 나주를 갔다 올 때면 항상 날이 진 저녁이라서 으스스한 공동묘지를 지나와야 하는 무서움을 항상 감내해야 했었다.
내가 만났던 소녀 귀신도 그날따라 구름이 잔뜩 끼어 있었던 날이다.

학교역이라고 함평역이 생기기 전에 함평을 오는 사람들이 내렸던 작은 역이 있었었다.
그날은 나주 영산포에서 어릴 적 친구들을 만나 늦도록 놀다가 막차를 타고 학교역에 내려서 옛 할아버지 집을 지나 할머니 집을 자나가고 있었다.
여기서 할머니 집을 갈려면 공동묘지를 지나기 전에 큰 바위가 있었고 그 바위를 90도로 꺾으면 바로 공동묘지가 보인다.
그곳을 지나 갈 때가 가장 으스스하고 무서운 곳인데...
그날 밤도...

코너를 바로 도는데 하얀 소복의 소녀가 2차선을 사이에 두고 내 앞을 지나가는 것이었다...
나를 쳐다보지 않고 앞만 주시하며 지나가는 소녀.
근데...
발로 걸어야 하는데...
발로 걷지를 않고 정말 스르르...
무빙워커를 탄 듯...정말 스르르 지나간다.
그렇게 내 옆을 지나치듯 스르르 비켜간다.
1분이 1년 같은 무시무시한 공포의 시간이 지나간다.
아~~오줌마려~~!!
지나갔나?
뒤돌아볼까?
고개가 안 돌아간다...
억지로 팔로 목을 잡아 비틀어서 고개를 돌려본다...
흐헉~~~~
어디 갔지?
찰나의 순간인데 그 소녀가 안 보인다.
어디 갔지?
기절하고 싶다...
휴~~하고 숨을 한번 돌리고 또 다시 용기를 내서 고개를 돌려 할머니네를 향하여 다시 길을 가기 위해 앞을 쳐다본다.
허허헉~~!!
그 소녀가 또 내 앞을 지나간다.
...

눈을 뜨니 예전에 할아버지 집 앞에서 전방을 하셨던 아저씨네 집이다.
"이제 정신이 드냐?"
"아저씨...내가 왜 여기에..."
"너도 그 애를 본겨?"
"아저씨! 근데 걘 누구예요?"
"응...내 딸이야!"
헉헉헉~~
나 그날 두 번 디졌다~~쩝^^

구름을 이불삼아

산을 넘고 강을 건너 아미산 골짜기를 돌아 돌아 친구가 있는 기슭에 도착한다.
맑고 푸르른 풍광만큼 작은 사슴의 눈처럼 순수한 눈망울을 가진 오래전에 함께 교정에서 뛰놀던 기억 저편 아련한 친구 진무가 우리를 맞는다.
그 친구 뒤편으로 개복숭아 꽃잎들이 봄바람에 살랑살랑 춤을 추고 어디서 지저귀는 산새들의 노랫소리가 내 고향의 뒷동산에 온 듯한 정겨움을 느낀다.
까까머리 40년도 더 된 세월의 무상함을 잊고 커피 한잔으로 반가움을 나누자 그 40여년 전의 기억이 아스라이 떠오르니 그 때의 친구 이름도, 얼굴도 빛바랜 무성영화의 필름에 찍혀 있는 그림처럼 선명하게 떠오른다...
반가움도 잠시 넓은 농원을 둘러보고 꽤 많아 보이는 닭들의 양계장으로 가서 방금 낳아 뜨끈한 계란도 암탉이 품고 있어 손등을 쪼이면서 삥을 치고 부화한지 몇일 안 되는 귀여운 병아리 몰이를 하는 재미도 즐겨보고! 서울 촌놈들 아니랄까봐 여기저기 기웃거리면 전원생활의 부러움을 만끽해본다.
토종닭 두 마리를 대형 솥단지에 올려놓고 장작으로 폭폭 때대니 시골의 봄 향기가 함께 섞이어 산자락을 가득 채운다.
두어 잔 소주가 순번을 돌고 허기진 배를 조금 때우니 오늘의 중요행사인 기념식수를 하자고 하는데...
한참을 계곡 아래로 내려가니 오늘 식수할 밤나무 한그루가 보인다.

"밤나무는 뿌리가 깊어서 사방 1m 이상을 파야 된다."
이제 키 1m정도 밖에 안 되는데 수령이 3년이 됐다고 한다.
"땅이 아직 녹지가 않아서 이식할라면 조금 힘들텐데...할 수 있겠어?"
진무가 우리에게 묻는다.
"그래도 왔으니 기념식수는 하고 가야지!"
"근데, 이걸 어떻게 파야 되나?"
이식을 하여 식수는 해야 하고 아직도 녹지 않은 땅을 파 헤칠라면 뉴규가?
지들은 모누 현역이라고 사랑한 예비역 병장들이 하짓지~^^
"우리 군대 시절엔 이런 건 방위들 시켰는데..."
방위도 방위 나름이지 면사무소에서 복사나 해대던 방위가 삽질이라고는 한 번도 해본 적이 엄었는데 그런 내가 삽자루를 잡으니 다들 기가 막혀 한다.
"어떻게 삽자루 끝을 두 손으로 잡냐?"
그럼 두 손으로 잡아서리 발끝으로 힘을 주면 되는 것 아녀?
그러더니 희석이가 앞장서서 삽질을 해 대는데 현역 병장의 폼이 영 아니다.
내가 나선다.
"땅도 아직 얼고 했으니 이걸 굳이 이식하지 말고 우리가 만들어 온 푯말을 여기 있는 밤나무에 걸어 놓고 그냥 기념사진으로다 한 장 찍으면 간단하지 않을까?"
그랬더니 미친년 강간한 놈처럼 다들 나를 쳐다보는 눈빛이 불량스럽다.
"기념식수를 하자고 너를 데리고 온 우리가 잘못했다..."

그 말을 끝내곤 완희가 삽을 잡아 열심히 땅을 파기 시작하니 태규는 곡괭이로 옆구리를 파대고 희석이도 도와 모종삽으로 변두리를 파 재끼기 시작하니 삽시간에 밤나무뿌리가 들어난다.

우와~~역시 현역들 답구만!!

10여분만에 캐낸 밤나무를 들고 진무네 농장 입구로 가서 밤나무를 심을 자리를 둘러보고 경묵이의 지휘아래 다시 열심히 땅을 판다.

역시들 병장 출신들이 맞기는 맞는데...근데?

군대에 출근했던 방위병들은 현역들의 따까리였단 말이었나?

내가 알기로는 PX방위는 들어 봤어도 현역들의 따까리는 처음 들어 봤거덩?

억울하게 현역을 못가서 방위를 받으며 개구리복으로다 옆구리에 도시락 끼고 출근하려고 버스를 타면 차장 지지배들까지도 방위병 무시하곤 했었는데 것도 모질라 현역들의 시다바리까지 했던 몬양이었구만!

차이 나는 것은 현역병은 국가에서 먹여주고 재워 주었었고 방위들은 부모들이 먹여주고 재워 주었다는 차이일 뿐이고 대신 국가에서 먹여준 댓가로 방위들보다 16개월을 더 부려먹었다는 것이징~~!!

시끄럽고 부지런히 식수를 하고 진무네에서 10여분 올라가면 자연인이 살고 있다고 만나러 가잖다.

“자연인이 맞는지 자유인이 맞는지 인스턴트 음식을 먹고 보일러 틀고 TV도 잘 나오는데...영 자연인이 아닌 것 같아!”

그리곤 나와 태규는 먹은 것 치우는 당번을 자처하고 나머지는 자연인을 만나곤 1시간 후에 내려온다.
“자연인 맞아?”
“자유인이야~~!!”
집을 피해서 산속으로 홀로와 서 편하게 사는 한량이 것지렁.
아님 말고~~!!
저녁이 오니 산골답게 날씨가 쌀쌀해진다.
화목 난로에 장작을 지피고 두껍게 썰어온 목살을 철판에 올리니 지글지글 소리부터가 군침을 돌게 한다.
아침에 산에 가서 따다 놓은 산두릅을 약간 데쳐서 싸 먹으면 맛이 디질텐데...
“이 귀한 것은 사랑하는 식구들과 나눠먹기 위해서 아끼~!”
그러면서 인원수에 맞게 분빠이를 하는 우리의 영원한 총무님 희석씨 싸랑해요 딸랑딸랑~~^^
오늘도 가져간 술이 점점 바닥이 나는 슬픔...
“담가놓은 술 좀 엄을까?”
“개복숭아 엑기스는 있는데...그거라도 아쉬운 대로?”
“그럴 줄 알고 막걸리와 맥주 몇 병 더 사가지고 왔지롱!”
요니 역시 제리들을 챙겨주는 엉클 톰 아저씨 완희가 짱이여.
해가 지고 어둠이 깔린 아미산의 산골에 이름 모를 풀벌레들이 우지대고 비닐하우스 안에서는 즐거움에 젖은 친구들의 이야기가 꽃을 피운다.
“태규야! 나 달걀말이 무꼬잡다!”
“계란 꺼내와!”
장닭들이 사는 옆 비닐하우스를 들어간다.

왠 놈의 닭들이 저렇게도 크냐?
바닥에 달걀 두개를 발견하고 주머니에 담는다.
그리고 이층에 닭들이 포근히 앉아 나를 쳐다보는데 재들은 저기서 뭘 하고 있을까?
“진무야! 계란 더 안 보인다...”
“왜 엄어...잘 찾아봐!”
암만 찾아봐도 없다.
근데, 이층에 있는 놈들이 나를 꼬나보는 게 계속 수상쩍다.
저 시끼들은 높은 곳에 앉아서 왜 나를 무시하듯 하는 낯짝으로다 나를 약 올리고 있지?
그런 닭들 앞으로 진무가 가까이 가더니 나를 보고 닭의 배 밑으로 손을 넣어 보란다.
멍청하게 손을 집어넣는데?
뭔가 잡히는 듯 하더니 바로 손등을 인정사정없이 쪼아댄다.
그랬다!
자기 알을 품고 있는데 어떤 불량한 놈이 손을 집어넣어 그것을 꺼내 버리려고 하니 어떤 놈이 그대로 놔두겠으요?
나 대신 주인장이 꺼내면 괜찮았을까?
궁금하면 오백원 내놓고 물어보시오~~~^^
“태규야! 달걀 가져왔다. 달걀말이 해주라~~~!!”
“나 달걀말이 몬하는데?”
“소금산 갔을 때 너무 맛나게 먹었던 달걀말이 말이야!”
“그건 계란말이지~~!!”
UC~~나 암탉에게 손등을 찍히면서까지 달걀을 가지고 왔는데...잉잉잉~~

바로 까서 정말 싱싱한 계란 15개를 넣어서 만든 푸짐한 달걀말이...계란말이!
그렇게 불러야 다음에도 해 준다고 했으니 여러분도 꼬기 달걀말이라고 부르지 마시고 계란말이로 불러 주시와요~~
"오늘 자세하게 보니 쿤타킨테가 인물이 훤해졌네..."
진무가 술 한 잔을 마신 후 마이동풍같은 질문인지 대답인지를 한다.
"너! 그 얘기 하지 말라고 했지?"
헉!
희석이가 발끈하네?
"뿌리의 주인공 쿤타키테...명연기를 했던 잘 생긴 배우와 희석이가 닮아 우리들은 그렇게 불렀었는데 희석이는 그걸 참 싫어했었던 기억이 난다."
"쿤타킨테! 참 대단한 배우였지...근데, 왜 싫었는데?"
"에이씨~~내가 그렇게 못생겼냐?"
이구동성
"응!"
"에이씨~~~나 니들하고 안 놀아!"
"그럼 쿤타킨테 하지말고 킨타쿤테해라~~!!
"걔는 쿤타킨테 동생이잖아..."
"걔라도 하면 되잖아!"
"동생은 더 몬생겼었어..."그렇게 밤새도록 쿤타킨테 놀이를 하다 보니 산골의 즐거운 밤이 깊어만 들고 우리들의 야부리는 밤이 짧은 아쉬운 그림자로 아미산에 새겨진다.2

“뉴구야?”
쾌변을 위해 화장실을 갔더니 양변기가 막혀있다.
지난밤 얼마나 쳐 먹었으면 똥으로다 변기가 막혀 있냐고?
“나 아녀...”
맨 마지막으로 일어나 아침밥을 먹으로 갔더니 이미 나를 범인으로 정해놓고 내게 모든 것을 뒤집어씌우기로 작정들을 해 놓은 것이 보이는데...증명할 CC-TV가 설치가 안 돼 있어잉~~
“막히게 한 놈이 뚫어라~~!!”
“난 이미 한바탕 밀어거든? 아쉬운 놈이 뚫던가 말던가^^”
“불량배 같은 놈! 저 시끼 아침 주지마라.”
“줄 밥도 엄다!”
“누가 내 밥 먹었냐고?”
“쿤타킨테!”
희석 바로 반항한다.
“나 아니라고~~!!”
톰 아저씨가 얼마나 밥을 주지 않고 일만 시켰으면 얼굴을 일그리며 지주님에게 엉기는겨?
내가 친구들과 여행을 가면 아침에 해장술을 왜 그리도 만이 하는 줄 알았지? 밥을 안주니 배를 채울라면 술이라도 먹어야 생명을 연장할 것 아니냐고...
그렇게 홍천 아미산의 진무네 기슭에서 구름을 이불삼아 정신도 마음도 때 묻지 않은 진무 벗과 엉길라고 하믄175 도망가버리는 착하다 몬해 바보 같은 친구들과의 하루가 참 즐거웠답니다.

시간나면 언제든지 찾아와 내 집처럼 쉬었다 가라고 하는 친구의 인사말이 귓가를 맴도는데...
키 번호는 왜 얀갈켜 주냐고...
갈켜 줬나?
내 머리가 그걸 기억하고 있으면 치매도 안 걸릴거야~ ~
쩝^^

디러운 놈

작은놈 한 달 동안의 태권도 대회를 갔다 와서리 담양 외할머니가 보고 싶다고 한번 내려오라고 해서 엇그저께 내려갔다. 팔십이 넘으셨는데도 남도 특유의 음식 솜씨가 좋으시어 지금도 오리탕이며 추어탕, 떡갈비를 아주 맛깔스럽게 만들어 내신다.

작은 놈 전화 온다.

“아빠 나 어젯밤에 화장실가서 변을 너무 많이 쌌는지 내 똥꼬에 까지 똥이 올라와 엉덩이에 무지 많이 묻어서 뜨신 물이 안 나와서 찬물에 샤워해서 닦았어...”

디러운 시끼!

누가 물어 봤냐고~~!!

그러니 작작 쳐 먹으라고 한마디 했더니 되돌아온다.

“외할머니가 그러는데 아빠도 많이 먹어 그런 적 있었다며?”

AC~~

노인네가 별걸 다 이야기 하시고 랄~~이세요...

하~~!!

담양 처갓집엔 아직도 소 외양간 옆에 재래식 화장실이 남아 있는데 엄동설한에 작은 아새끼는 왜 안에도 있는 화장실을 안가고 밖에 있는 변소간에 가서 볼일을 보냐고?

고추는 얼지 않았을까나...

걱정 된다^^

겨울이면 노인네 화장실 가는 나한테도 그랬었다!

“정서방! 고추 얼지 않게 꽉 쥐고 볼일 보소 잉~~~”

닭발이 코로나냐?

대전 동구청에서 봄시즌 행사 제안이 와서 제안서를 작성하고 있는데...
눈앞에 닭 한마리가 오라리 가라리 한다.
것도 빨간 부츠를 신은 채 트위스트를 추면서리 겁나 유혹을 한다.
"우와~~빨간 양념바른 닭발이네?
유후~~"
카톡 때린다.
수색 모래내 시장 근처에서 부동산하는 친구 쓰블팅 졸라리 팅긴다. 지놈 보고 잡아서 가는 것 아니고 오로지 맛난 닭발 빨러 가는데 말이다.
외롭게 홀로 빨 수는 엄잖여....쩝^^
달례 젓가슴만 빼고!
어쨌든지 간에,
집구석에서 Going~~!!
팅기든가 말던가 가면 지가 나오것찌?
지네 건물 폭파당하지 않을라믄 말이야.
한참 가고 있는데 부천사는 상태 안 좋은 친구놈 하나 더...
카카오~~톡 문자 들온다.
"어디냐?"
"안 가르켜주~~~~~~지"
"갈켜 줘라."
"모래내 시장 닭발 묵으러 가고 있다."

"양꼬치 먹으면 안 될까?"
"안돼!"
"알았다. 어디로 가야되냐?"
"디지털 미디 시티역에서 만나!"
"OK!"
디지게 서둘러 간다.
오로지 눈앞에 어른거리는 빨간 부츠를 해치우러. 푸하하하!

욜라리 열심 일하는 줄 알고 사무실로 갔더니?
역시나지!
이 인간이 일을 해?
시건장치가 굳건히 닫혀 있는 것이 당연한 거지?
전화 때린다.
"어디야?"
"닭발집 옆 보쌈집으로 온나."
AC~~!!
닭발집까지는 좋았는데....옆집이래.
....그래도 옆집이니 닭발 한 접시 시켜서 묵으면 되것지?
기쁜 마음으로 발걸음도 경쾌하게 아싸라봉~~
문을 열고 들어서자
"오. 갑!"
쪽팔려 잉~~!!
손을 번쩍들며 강호동 목소리보다도 더 큰소리로 열라 반가운 척을 한다.
앞 자리에 직원 한명이 앉아 있다가 벌떡 인나 인사를 한다.

"오우. 김실장 오랜만입니다."
반갑게 인사를 나누고 있는데 씨블팅이 한 번 더 소리를 지른다.
"오. 똥개! 오랜만!"
음식점 손님들의 시선이 일제히 우리에 쏠린 것은 당연지사 아니것습니까?
또 쪽팔려 잉~~
그리고 나이 육십에 친구에게 똥개가 머냐고....
똥개 지져댄다.
"에이씨. 똥개가 뭐냐?"
"그럼 똥개를 똥개라고 하지 미친개라고 하랴?"
흐허헉....대략 난감!
김치에 굴 넣고 돼지 고기 한점 올려 먹는 보쌈맛이 알싸하당!
"닭발 한 접시 시켜줄까?"
절대 모래내에 근무하는 친구의 질문이 아니거든?
어디를 봐도 그런 이쁜 질문을 하게 생기지 않았잖여....
"응!"
"양심 좀 있어라?"
헉!
양심?
지도 엄는 것을 나보고 가지라고?
"남에 영업장에서 다른 집 음식시켜 먹는 것은 뉴욕에서는 절대 하지 않는 짓이다."
우아!

저 웬수같은 놈은 내 인생에 태클을 걸라고 태어났다냐?
오로지 닭발을 먹기 위한 일념으로다 산넘고 물 건너 쉑쉑쉑~~날라왔고만 무시기?
식당에서 다른 집 음식은 절대로 시키면 안된다는 것이 뉴욕의 조례라도 있는겨?
"여기는 뉴욕이 아니라 상관업거든?"
"우리 동네니까 내가 뉴욕이라면 뉴욕인 줄 알아라!"
조지나 건빵 말라 비틀어진 소리하고 계셔요.
여기가 뉴욕이면 거럼 우리 동네는 시카고냐?
오우~~나의 첫사랑이 살고 있는 시카고....
'소연! 오랜만에 누워 보는군....'
아우~~가슴설래....

다시 항구로 돌아와서,
"이거 먹고 나가서 닭발먹자."
작것이 이제사 이쁜 소리를 해 대는구만.
열심히, 그리고 맛나게 보쌈을 해 치우고 있는데....
"여기요. 보쌈 대짜 한판 추가요!"
잉?
교회당 망하여 절간 들어서 십자가가 卍자로 바뀌는 소리를 하시네?
그것도 친구놈이 아닌 직원 김실장이 시키면?
막을 수가 엄잖여?
그렇게 먹고 났더니 배가 부를 수 밖에!
"너 좋아하는 맥주 묵으러 가자."

“닭발은?”
“더 들어갈 때가 남은겨?”
“응.”
세명이서 정말로 어이가 없다는 표정으로 나를 꼬나본다.
“뭘 꼬나보는데?”
“일단 맥주한잔 빨면 배가 꺼질거야. 그때 닭발 묵자.”
씨블팅!
일단 단골집으로 올라가서 기본으로다 한판 때리고 나니 꺼져야할 배는 점점 불러만 온다.
“배 부르니 소리 고래고래 지르면 소화될기나.”
지하 노래방으로 내려간다.
사내 넘 넷이서 졸라리 멱을 따니 이쁜 아줌씨 추가 서비스 시간을 자꾸만 넣어준다.
방댕이 꼬슬꼬슬한 아줌마도 넣어 주면 더 좋것는디....
두어시간을 놀았더니 정말 배가 출출해 진다.
왔던 골목으로 방향을 틀자 그리운 닭발집의 간판이 고맙게도 아직껏 켜져 있다.
와우~~!!
문을 활짝 열고 주모에게 주문 때린다.
“매운 닭발 한 사발하고 처음처럼 일병!”
“영업 끝났는데요....”
시간은 9시...디질놈의 코로나...
뎅!
뎅!
뎅!

교회당 종소리 울린다.
저 놈의 모래내 시장 옆에서 부동산하는 쓰블팅이가 닭발 안 사줄라꼬 갖은 수작을 부리더니 끝내는 끝내는 그리고 또 그 디질놈의 코로나....
이놈의 닭발은 언제 묵을라나~~쩝^^

엉겁결에 당구대회

여러 선배님들 후배들과 이번 출전 선수들 모여서 오늘도 3셋트를 대회방식대로 룰에 맞추어 치는 것을 분 것을 하고 공 한 개마다 때리는 것을 의견 분분한 것을 조합하다보니 그냥 우리끼리 즐기는 당구가 아니네요...
같은 각인데 두 어 가지 방법이 나오고~~ㅠㅠ
당구알이 서 있는 위치에 따라 두 어 가지 때리는 각도를 치는 사람에 따라 스탠스가 틀려 이렇게도 쳐보고 저렇게도 쳐보다보니 은근 텐션이 흔들려 출전하는 선수나 조언하는 선후배들이나 긴장을 하게 된다.
그러면서도 조율된 의견대로 길을 찾아 스탠스를 하여 가지만 성공과 실패에 대해 말을 아낀다.
결투란 승자와 패자가 분명 있기에 그것을 수용하는 것이 승자와 패자의 도덕이고 자세이기 때문이다.
"당구리당당 숭당당"당구 모임을 가지면서 재미삼아 우리는 모여 당구도 한게임, 술도 한잔 하자는 취지로 모였는데 서울 경기의 넓은 지역에 분토하여 살다보니 친구들의 불편함이 많아 친구들에게 괜힌 짓기리를 하고 있다는 생각이 들어 잠시 멈추었었고 그에 대한 평가는 적히 부정적이라는 당구 회원들의 시선이 와서 당구를 좋아하는 친구들의 의견을 새로 듣고자 싶어 두 어 달의 턴을 갖고 싶었다.
그런 모습을 보면서 아쉽다는 친구도 있었고 내게 실소를 보내는 친구도 있었다.
안일한 나의 태도가 잘못된 것이 가정 큰 원인이지만 그래도 그냥 친구들에게 즐거운 시간을 만들어 보자는 의도에 대해 평가를 하지 않았으면 했는데...
그래도 바람 따라 흘러오는 소리는 나의 마음을 아프게 하더라는 이야기이지!
친구들 몇 명 당구 한게임하자 모여 술 한잔하다가 이번 당구대회가 있으니 한번 나가볼까?
하다가 "그래 추억삼아 한번 나가자!"하면서 대회를 신청했는데 김영주 회장이 서둘러 총동문회에 참가비 지원을 요청했더니 59회 허정선배님이 전화가 오셨다.
"니들 이번 키움증권배 전국 당구대회 나간다며? 선린 망신시킬 일 있냐?"
헉~~~!!
"예 선배님 저희 그냥 추억삼아 나가보려 하는데요?"
"용갑이 너 얼마 치는데?"
"예 저 500치는데요!"
"지금은?"
"명절 당구라서 지금은 400정도요..."
"너 지금 장난치냐? 대대는 몇 치냐고?"
"저 그 점수는 22개정도 될 것 같아요..."
"너 73회지? 나도 임마 나이가 칠십 여섯인데 22개 치는데 겨우 22개 운운하면서 대회나간다고 하며는 그것도 선린의 이름을 걸고 나간다고?"
대선배의 말씀에 할 말이 엄다...
나는 22개!
추억삼아 나가자고 하는 태규도 22개 국진이는 20개 언저리.

영철이도 대략 18개정도...창민이는 개수도 파악이 안 되는 알다마 마니아~~^^

"너 어디야?"

라마다 호텔로 오란다.

허정 선배님 나를 보더니 배시시 웃으신다...

90회 나승환 후배의 전화번호를 주신다.

"너 앞으로 3일안에 선수 구성해!"

헐~~당황스럽다.

"형님...저희는 그냥 재미삼아..."

"놀고 있네!"

선린 총 동문 중에 가장 영향력이 강하시기도 하고 강성이신 대선배님에게 쫑코와 칭찬을 왔다리 갔다리 두 시간 쇠뇌를 당하다보니 답이 나온다.

지금은 이빨 빠진 대선배님이시지만 그래도 모교를 사랑하시고 선린 출신이라는 것에 평생 자부심을 갖고 계시는 분의 포스에 당장 나의 생각을 정리해야 할 것 같다...

제 2 장

우리들의 얄개시절

나의 학번

고등학교 2학년 때 당시 연대장이었던 정활림 선배에게 죽도록 맞은 적이 있었다.
우리 학교 댕길 때는 1년에 한 번씩 열병 분열식을 하였었지.
지금은 하는지 모르지만...
준비하는 기간 동안에는 등교하는 정문 앞에 3학년 학도호국단 선배들이 양 옆으로 정렬해 있으면서 등굣길의 후배들을 세워 놓고 군기도 잡고 교육도 하기 위해 한명씩 앞으로 불러 여러 가지를 묻고 지적하곤 했었지.
만원 버스 안에서 차장 언니 엉덩이를 흠씬 만져서 기분 좋게 등교를 하고 있는데
헐~~정활림 선배가 나를 지적하고 불러 재낀다.
"너 이리와!"
"넵!"
기분 좋게 다가가서 앞에 부동자세로 섰다.
"너! 학번!"
"넵! 11637809사땡!"
"뭐?"
정활림 선배 눈 돌아간다.
"사땡?"
으악~~나 이젠 죽었다...
"뭐? 사땡?..."
멍 하니 나를 쳐다본다.
왠 똥개야? 라는 표정을 지으며...

그런 선배의 표정을 보고 있는 나의 얼굴은 백짓장이 되어 버렸고....
정 선배,
앞에 서 있는 3학년 다른 선배에게 묻는다.
“이 자식이 지 학번이 사땡이란다...”
“뭐? 사땡?”
그 선배 돌아서서 내 명찰을 쳐다보더니
“얘 사땡 맞네...44번...하하하!”
정선배 내 명찰을 내려 본다.
1163780944 맞지?
그럼 사땡도 맞지?
“그래서 사땡이셔?”
“...”
“내 말이 말 같지 않아?”
선배님 말씀 다 맞고요...저 이제부터는 선배에게 존나 맞겠지요?
“대답도 안 해...학번은 사땡이야...”
환장 부루스 때리네...
“이리와~~”
우리 때 정문 들어서면 테니스 코트가 있었지?
그리로 끌려갔다...
다시 선배 앞에 나를 세워 놓고 등꽂길 처음처럼 묻는다.
“학번!”
“...”
“아까는 술술 잘 외우던데...벌써 까먹었어?”

"...아니요..."
"그럼 내가 가르쳐 주지...11637809사땡!"
그리고는 정선배 배꼽잡고 웃는다...
지도 해 보니까 재미있었던 모양이지?
그렇게 1분여를 웃더니 다시 정색한 얼굴로 나에게 들이댄다.
"너 학번 외우기 참 쉽다? 그래 안 그래?"
"..."
아구창으로 한 방 날라 온다.
"쫙!"
무릎으로 구둣발 날라 온다.
아이구! 내 뼛다구야!
쉬지 않고 날라 온다.
여름 복날 똥개 패듯이 사람을 잡는다...
똥물 나올 때까지 패려나? 하여간 존나리 맞았다...
그렇게 한 참을 패더니 정선배도 지쳤는지 쉰다.
근데 나는 더 불안하다.
쉬었다가 패면 더 아프잖여...쓰블!
그리고는 한마디 한다.
"이제 10대 남았다."
잉?
그럼 나 존나리 패면서 숫자까지 세고 있었던겨?
용의주도하기는...
"사땡? 이 새끼야! 사땡만큼 맞아 봐라..."
헐~~
정선배 그날 나 사땡이라고 44대 패더라!

태어나서 그렇게 맞아 보기는 첨이자 마지막이었을 것이다.
근데!
내가 매를 벌었었지...흑흑
다들 기억 날거다. 열병분열식 전에 연습 많이 했던 것...
그래서 전날 교실에서 친구들과 학번 대는 연습 욜심 했었다.
“네! 1163780944”
잘 외워지네? 근데 별로 잼 엄다...
“네! 11637809사땡!”
응?
잼 나는데?
그렇게 장남 삼아 연습했던 것인데 정선배 앞에 서니 긴장하다 보니 전날 연습한 그대로가 튀어 나와 눈팅이 튀어 나오도록 맞았다.....
이 악불고 정선배에게 복수할 날을 기다렸건만 선배는 내 마음도 몬 알아주고 졸업을 해 버린 채 나의 악만 남아 교정을 빙빙 돌아 댕겼다.
내 잘못으로 벌어진 사태였지만 사땡만큼 맞아 봐라!
부처님도 벌떡 인나 맞짱 뜨자고 할 것이다.
원한과 복수를 모두 용서할 때쯤 그 선배를 3년만에 만났다.....
어디서?
어떻게?
왜?
궁금하지?
안가르쳐주지~~~~~!!

쓰블?
욕하고 지랄이네...
동기 김양겸이 재수를 하여 외대를 들어가서 가끔 둘이 만나 외대 앞에서 술을 한잔하곤 했었다.
어느 날 양겸이를 만나려고 학교 정문에서 기다리고 있는데..
으잉?
양겸이와 함께 걸어오는 인간이 정활림 선배?
우와~~맞아 부러!
근데?
그 선배는 나를 기억 몬하고 있다는 사실!
"그래 반갑다! 양겸이와 동기라고?"
"네!"
"양겸이와 같은 과라서....이제 자주 보자?"
그렇게 나의 3년 왠수는 나의 앞에서 사라지고 용서를 하기로 한 나의 마음은 다시 복수심을 불태우게 만들었다.....
[언젠간 당신에게 내가 받은 치욕의 몇 곱절로다 갚아 줄 것이다]몇 번을 다짐을 했다.
그리고 한 달쯤 지나 양겸이네 학교 앞에서 동창모임 고인돌 친구들과 한잔을 하려고 모였다.
복수심에 이글거리며 칼을 갈고 있는 나의 본색!
"양겸아! 정선배는 잘 있는겨?"
"응! 그 선배 군대 갔다."
띠요옹~~~~~~
아! 목표물 사라진 곳에서 나만 一八六잡고 교회당 종탑만 뱅뱅 돌고 있었다.

고등어 반토막

우리 1학년 때 선린 야구가 그런대로 잘 했었다...
4강에 들면 오후 수업을 재끼고 야구장으로 가서 목청 터지도록 응원을 하곤 했었지....
그런 날이면 싸온 도시락을 학교에서 먹고 개별 동대문야구장으로 출발을 했는데(사실 그 당시 싸온 도시락 점심시간까지 기다려 먹는 친구는 아무도 없었다.)멀대 이형석이는 덩치가 그 당시에도 워낙 커서 찬합 3개에 반찬 1통 밥 2통을 싸가지고 다녔었다.
2교시 끝나면 찬합 1통 비우고 점심시간에 나머지 1통 비워야 사는 밥통 큰 친구였다.
어느 날이었다.
대통령기인지 청룡기인지 잘 기억이 안 나는데 그날도 우리가 4강에 들어 2시 경기였을 것이다. 1시까지 집합하여 응원연습을 해야 한다고 하여 학교 앞에서 형석이와 또 다른 같은 반 친군데 누군지 기억이 가물가물.....어쨌든 버스를 타고 운동장으로 가는데 버스에 타니 아무도 없어서 맨 뒷자리에 자리를 잡고 앉았다.
버스가 출발을 하고 아무도 없는 것을 확인한 우리는 형석이의 남은 도시락 한통을 꺼내서 먹기 시작했다. 숟가락 한 개로 너 한입, 나 한입, 또 너 한입, 나 한입.....맛나게 먹고 있는데 운전기사 아저씨 말씀 한마디 하시네.
“야 임마! 김치 냄새가 너무 맛나게 난다....나도 합 입주라!”
헐~~아저씨. 우리 먹기도 모자른디...

"아저씨! 우리 것도 모자라요!"
"치사한 놈들. 한 입만 달라고 해도 안 주고..."
하하하! 우리가 넘 맛나게 묵고 있나?
버스는 달리고 종로 3가쯤에서 멈췄다.
몇 명이 타고 이내 또 출발....
맨 뒤에서 야부리 치면서 남은 도시락을 다 해치울 때 쯤,
"어쭈리~~이것들 선린 놈들이네?"
"모자도 벗어 재끼고...버스에서 도시락까지 까시고 계셔?"
"이것들이 학교 명예 겁나리 새우고 계시네?"
헐~~~~!!
2학년 선배 둘이 우리 앞에서 썰래바리 치고 있넹?
"뚜껑 닫아!"
"네!"
멀대 이형석 조용히 도시락 뚜껑 닫으려 하는데 실수로 도시락 뚜껑이 바닥에 떨어져 나뒹군다. 땡그랑 땡땡...
"어쭈. 이게 반항이네?"
주먹이 날아오다가 멈춘다.
두 선배 중에 한 선배가 말린다.
"야. 차 안에서 이러지 말고 내려서 손 좀 봐주자..."
에이씨~~오늘도 존나리 깨졌구나...
"뚜껑 주워..."
"네..."
도시락 뚜껑을 닫는데 아직 못 먹은 음식이 넘 아까워 죽겄는데 선배들은 무조건 닫으라고만 한다.
내가 선배들에게 한마디 질문을 던졌다...

"저기...선배님."
"왜?"
"저기...남은 음식 상하기 전에 마저 먹으면 안 될까요?"
선배 눈이 휘둥그래진다.
"뭐? 너...지금 뭐라고 씨불대셨나?"
"아니 저는 음식이 상할까봐서요...아깝잖아요..."
선배들 황당부르스...
"너희들 당장 내려..."
나 또 한마디 한다.
"저기...선배님. 야구장 안가면 조퇴 처리되는데요..."
야구장 안 오고 다른 곳에 가서 딴 짓하면 조퇴 처리하고 담임 샘에게 혼나곤 했었었지...
"뭐? 이자식이 나의 화를 돋구고 있네...으와!"
"야! 야구장 내려서 혼내도 된다. 일단 참아라..."
다른 선배 하나가 내 목숨을 연장 시켜 준다.
"너희들 조용히 야구장 앞에서 내려라. 알았어?"
"..."
그럼 야구장 앞에서 내리지 축구장 앞에서 내릴까봐?
걱정도 팔자시네...
그렇게 살벌한 분위기 속에서 우리는 남은 도시락을 먹지도 못하고 만지작 만지작 거리다가 야구장에 다다랐다.
버스에서 내렸다.
선배들이 우리 내리는 것을 감시당하면서....
야구장 앞에 내리자 1, 2, 3학년들 모두 모여 인산인해를 이루고 있었다. 우리는 이때다 싶었다.

셋이서 눈치로 행동을 모의하고 36계 줄행랑 뛰었다.
선배들 황당하게 우리들 행동만을 처다 볼 뿐, 우리는 탈출에 성공하였다...음므하하하!
그리고 야구장으로 입성하여 신나게 응원하고 집으로 무사히 갈 수 있었는데...
그런데,
다음날 아침 등교를 하고 멀대와 셋이서 어제의 잼나는 사건을 이야기 하고 있는데 우리 반은 아니지만 1학년 동기 하나가 우리 반으로 와서 이형석을 찾고 있었다...
"어! 내가 이형석인데 왜?"
이것이 오늘 피터지게 맞는 서곡이었던 걸 왜 몰랐을까...
"2학년 OOO선배가 점심시간에 인감교실로 나오랜다...어제 버스 안에서 있었던 두 명도 함께..."
헉!
전령사네? 죽음의 전령사...
그리곤 그 친구는 그 말만을 남겨 놓은 채 가버리고, 우리는 멍만 때리고...
4교시가 끝나고 점심시간...
울 셋은 선배가 기다리는 장소로 말 한마디 안하고 갔다.
몽둥이 하나 들고 서 있는 선배 둘.
근데?
아 띠...블. 고등어 반토막한 것들 둘이넹?
들고 있는 몽둥이도 키에 끌릴 듯한 크다만 스머프처럼 생긴 선배들이었다.
"오셨어? 오늘 도시락은 맛나게 드시고?"

"..."
"너!"
나를 가리키는 몽둥이 끝자락이 넘 무서워...
"오늘은 도시락 안 남겼지?"
"..."
"남았으면 다 먹고 와라....먹고 죽은 귀신은 때깔도 좋다며?"
"...좀 남긴 남았는데...마저 먹고 올까요?"
"뭐? 이자식이 어제부터 내 성격 테스트하네? 허허. 그래서 나머지 먹고 오시겠다고?"
"...선배님께서 물어보셔서..."
"우와~~이걸 그냥~~"
이상한 고등어네? 그러면 왜 남았냐고 묻냐고요...
"너 남은 도시락 먹고 올 동안 기다려 드릴까요?"
"...그러면 저야 고맙긴 한데요..."
"우와~~이 자식 정말 뚜껑 열리게 하네..."
들고 있는 몽둥이를 번쩍 들어 허공에 한번 휘두른다.
"너부터 조진다..."
맘대로 하셔. 나 죽으면 너는 무사할 줄 아냐?
배째라~~!!
이번엔 다른 고등어 반 토막이 나선다.
"어제는 우리말이 졸로 들렸나? 도망가면 우리가 그냥 넘겼을까 하셨나?"
응~~그럴줄 알았지...요렇게 말하면 뼈와 살이 분리되겠지?
"어떻게 선린의 배지를 달고 버스 안에서 도시락을 까먹을 수가 있을까? 얘기 좀 들어보자..."

운전기사 아저씨 한입 주면 될 것 같던데...어제 그 아저씨도 한입 달라고 했는데...
"왜 말이 업서?"
지금 뭔 말을 해도 고등어 반 토막 선배들이 우리를 봐 주겼어?
차라리 그 에너지 아껴서 한 대라도 더 참아야지....
"선생님이 너희들보고 버스 안에서 도시락 까먹어도 된다고 가르키디?"
글쎄....강바보 샘이시면 배고픈 것 보다 그것이 더 현명한 행동이라고 가르치셨을텐데....
내 생각이 안 맞은감?
맞는 생각이긴 한데 지금의 분위기와는 매치가 안되긴 하지.
그날,
형석이는 우리들보다 배는 더 얻어맞았다....
왜?
덩치가 크다고 맵집도 좋대나 어쨌더나.
하여간 고등어 반토막 선배들에게 점심시간 내내 동네북 됐다.
그 전날 미처 못 먹어 쉬어빠져 버린 도시락을 생각하니 더 더욱 아깝고 억울하여 눈물이 앞을 가리는데 선배들에게 도시락 까먹었다고 장마철 개패 듯이 얻어맞은 서글픔까지.....
먹을 땐 개도 안 건드린다고 했거늘 후배들이 배고파 비록 버스 안에서 도시락 좀 까먹었다고 그렇게 작살을 내냐?
그런 고등어 반 토막 두 토막아!
잘 먹고 잘 살고 있냐?

유지홍의 연애편지

유지홍!
얼마전까지 서울 고등학교 야구부 감독으로 부임하여 활약하고 있는 우리 동기들 중의 야구부 대표 얼굴이었지.
고교 1학년 때는 나의 키가 반에서 중간쯤 됐었는데 입학식날 연탄가스 중독으로 입학식을 참석 몯 해 등교 첫 날 1학년 1반으로 갔더니 이미 키순서대로 번호를 정해 놓아 내 번호가 60번이 되었다.
59번은 멀대 이형석이요 내 뒷 번호가 유지홍으로 3명이 나란히 앉는 구조에서 우리는 자연스럽게 같은 짝이 되었다.
야구부는 오전 수업만을 받은 후 오후에는 야구부 연습을 했기에 오후에는 항상 유지홍 자리는 빈자리가 되었었고 오후 수업에 들어오시는 샘들은 학기 초에 늘 물어보셨다.
"빈자리 놈은 왜 안 들어오는데?"
"저 자리 오늘 결석이야?"
특히, 심만호 샘은 1학기 내내 물어 보시어 어느 날은 지홍이의 자리를 쳐다보시는 것 같아 내가 미리 말씀드리기도 했었던 기억이 난다.
"유지홍 자리인데요!"
"그래 임마! 누가 물어 봤냐고?"
A see~~쳐다 보시길래 물어 보시는 줄 알았잖아요...

그날도 주산 시간이었다.
"차렷! 절!"

맨 날 절 이레요...
여기가 무슨 불공드리는 절인감?
“심만 오전이요...심만 오전이요...”
열심히 호산하시는 심만호 샘의 입에서는 십만 단위의 덧샘 주문이 나오시는데 내 귀에는 계속 십만 오전으로만 들린다.
“정용갑! 답 이야기 해 봐라.”
“...”
“답이 뭐냐고?”
“...십만...”
“너 이 자식 또 십만 오전이야?”
“...아니요...”
“그럼. 답이 뭐냐고?”
“...백...심만...오전이요...”
“나와~~~!!”
결과?
또 디지게 얻어 터졌지 뭐...
그렇게 심만호 샘과는 나와의 악연은 Be The Continue 이었다. 샘이 부르시는 호산 시간이 지나면 문제집을 꺼내 놓고 푸는 시간이다.
“준비~~시작!”
샘은 터치타이머를 누르시고 교탁에 느긋하게 앉아서 시간을 재신다. 우리는 열심 문제지 위에 주판을 올려놓고 한 줄 한 줄 내려가며 열심히 풀어 나간다.
“용갑아! 이거 봐라.”
유지홍. 내 옆구리를 찌르며 조용한 목소리로 나를 부른다.

곁눈으로 지홍이를 쳐다본다.
지홍이 가방에는 야구 글러브 2개와 장갑, 야구공 두어 개에 야구 선수에게 필요한 런닝 셔츠와 땀복 등이 잔뜩 들어 있을 뿐, 학생들이 갖고 다녀야 할 책이며 노트 한 권도 들어 있지 않았다.
다만, 필기로 된 것은 딱 한 가지가 있었는데 그건 바로 유지홍의 연애편지 였다. 지금 얘기 하자면 팬래터 였던 것이다.
고교시절 가방의 구조는 양 옆으로 넓은 공간이 있었고 그 사이에 작은 지퍼가 있어서 중요한 것을 담을 수 있도록 되어 있었지?
그 지퍼 속에 지홍이의 연애편지가 가득 들어 있는 것이다.
“우와! 많다....”
대충 보아도 2, 30통 되는 편지가 가득 들어 있었다.
“읽어 볼래?”
크아!
세상에서 제일 즐거운 것이 남의 집 불났을 때 구경과 싸움 구경이고 제일 재미있는 것이 남의 일기장 훔쳐보기와 연애편지 몰래보기라는데 지홍이는 대 놓고 읽어 보라니 넘 재미있을 것 같았다. 그 중에 한 장을 꺼내 읽는다.
“오빠! 저는 광주에 사는...여중 3학년...예요. 오빠의 경기를 보기 위해 서울 동대문야구장까지 올라갔었어요. 오빠의 경기하는 모습을 생각하면 밤마다 잠이 안와요...밥도 먹지 못해요...오빠를 언제 한번 꼭 보고 싶어요...”
지방의 어느 소녀의 지홍이를 흠모하는 사연들이 절절하네.
“지홍아! 잘 있었어? 나 부산의...야! 겨울에 부산 와서 만나고 얼굴 본지가 벌써 좀 된 것 같아. 열심히 야구 잘하고 있지? 나는 너의 얼굴이 보고 싶어 날마다 편지를 쓰면서 참고 있단다...”
또, 한 부산 여학생의 구구절절한 애정 가득한 연애편지...
유지홍.
이 인간 부산으로 전지훈련 가서는 야구는 안하고 여학생들만 만나고 돌아다닌 것 아녀?
“이것들이 뭐하고 계시남?”
나를 가운데 두고 형석이와 나, 지홍이 셋이서 편지를 열심 읽느라고 심만호 샘이 우리들 자리로 온 줄도 모르고 있다가 딱! 걸렸다.
“...”
“내놔봐.”
유지홍. 조용히 편지들을 샘에게 건네신다.
“문제들은 다 풀었냐?”
당근, 편지 보느라고 문제집은 그대로 백지지요...
“이것들이 하여간 모여 앉아서 하는 짓거리들이라고는...셋 다 나와!”
한 시간 동안에 교탁으로 두 번 끌려 나가 보기는 첨이다.
지홍이는 운동선수라고 엎드려 뻗샵을 하고 형석이와 나는 냄새 쩔라 나는 구두 한 쪽씩을 벗어 입에 물고 두 손을 번쩍 들고 서 있으려니 종례 음악이 나오네?
‘흠미. 반가운 거.’
“너희들 셋, 다음 시간에 그대로 벌 받을 줄 알아.”
그렇게 우리는 연애편지를 본 벌이 사면되는 줄 알았는데...

다음 날 주산 시간이 됐네.
"너희들 나와서 어제의 자세대로 원위치."
잊어버리신 줄 알았더니 아니시넹?
유지홍은 열심 풋샵에 열중이고 우리는 어제처럼 구두 한 짝씩을 벗어 입에 물었다.
그럴 줄 알았으면 오늘 양말이라도 갈아 신고 왔어야 하는데 아침에 귀찮아서 어제 양말을 그대로 신고 왔더니 냄새 욜라 쩐다.
"형석아! 나 냄새나 죽것다."
"야! 그런 소리 말어. 우리 엄마 외갓집 가서 나는 일주일째 신고 있는 양말이야."
우웩!
"이것들이 아직도 주댕이가 살아있네? 양말까지 물을래?"
이건 샘도 아니여.
우리가 뭔 짐승이고?
입에 재갈까지 물리것다 이거여?
"심만 오전이요...심만 오전이요..."
오늘도 호산하시는 샘의 목소리가 내게 환청으로 들려온다.
그리고 문제집을 풀 시간에 우리를 석방해 주시네.
"오늘도 너희들 딴 짓거리하면 죽을 줄 알아 알았어?"
"네."
형석이와 나는 자리로 찾아 들어가는데 지홍이가 샘 앞에서 머뭇거린다.
"유지홍. 너는 왜?"
"저. 선생님. 어제 가져가신 제 편지는..."

"아직 다 몬 읽었어. 다 읽고 줄게."
"네."
지홍이 시무룩하게 돌아서 자리로 온다.
"나도 다 몬 읽어 보았는데...."
심만호 샘 나빠요!
연애편지의 주인도 아직 다 몬 읽었다는데 돌려줘야죠~~
그래야 우리도 돌려 볼텐데....
"샘이 안돌려주면 어쩌냐?"
"나 야구 그만둘거야 잉~~!!"
헉! 사춘기 소년의 가슴에 못을 치는 심만호 샘 넘 미워!

주산, 부기라는 것이 상업학교에는 참으로 중요한 과목이어서 거의 날마다 시간표에 편성이 되어 있었다.
연짱 3일째 주산 시간이 왔다.
"정용갑!"
"네"
"나와."
수업 시작하자 마자부터 나를 부르시네...나 오늘은 아직 잘 몬 한 것 없는데....
교탁으로 나갔더니 주판을 한 개 주시네.
"저. 주판 있는데요."
"야 임마! 니가 지금까지 주판 안 갔고 다녔으면 내가 너 가만 놔뒀겠냐? 넌 작살이었어...이건 유지홍이거야."
"근데 왜 저한테 주세요?"
"유지홍이는 어디 갔는데?"

"...?"

"오늘도 나한테 기합 받을까봐 도망 간거야?"

유지홍이 뭔 해리슨 포드 인감요? 도망 댕기게?

이형석. 일어나서 샘에게 답을 보낸다.

"지홍이는 오후에는 야구 연습 있습니다."

"응. 그렇지...근데, 누가 너한테 물어봤냐고? 멀대같이 커가지고 꼭 일어나서 얘기해요."

깨개갱~~!!

"정용갑. 너 내일부터 이 주판 유지홍이 줘서 니가 유지홍이 주산 가르쳐 줘라."

잉?

이건 뭔 놈의 건포도에 수박 홝는 소린감?

"선생님. 야구부들은 주산 몬 해요...."

"야 임마! 몬 하는게 어딨어? 그래도 명색이 대 선린상고의 학생이면 그래도 기본으로다 주산 3급은 따야 하는겨. 시끄럽고 내일부터 니가 유지홍이 주산 가르쳐라. 알았냐?"

"..."

"하여간에 2학기 중간고사 때까지 주산 평균 50점 안되면 니가 죽을 줄 알아. 알았어?"

헐헐헐~~이건 대낮에 자다가 별똥별에 맞은 것만 같아 잉.

나. 죽은 듯이 주판을 받아 가지고 돌아 서려는데...

유지홍의 못 다 읽은 연애편지의 후반부가 갑자기 궁금해진다. 샘에게 뒤 돌아 선다.

"선생님. 근데 어제 안주신 지홍이의 편지는 안주세요?"

"뭐야? 그게 니꺼냐? 그게 니꺼냐고?"

"...아니 그냥 저는 지홍이가 받아 놓으라고 해서..."
"시끄럽고 그건 내가 지홍이에게 직접 전해 줄 것이니까 너는 신경 끄세요. 네?"
"...네."
부산 소녀의 편지의 후반부가 참말 볼만했던 내용이었는데 그 찰나에 샘에게 압수당해서 몬 본것이 넘 아쉬운데 그것도 안돌려 주시고...치사빤츄 심만호!
다음날,
지홍이에게 주판을 건네면서 샘의 말씀을 전한다.
"너 주산 시험 평균 50점 안 넘으면 샘이 나 죽인다더라."
"OK!"
잉? 이 인간 쉽게 대답을 하넹?
뭘 믿고? 야구를 하면서 짬짬이 주판 좀 팅겨 보셨나?
그래! 야구도 잘 하니까 뭔들 몬 하것어? 그렇게 믿고 주판을 건네주자 주산 시간에 지홍이가 주판만 내 놓고 앉아 있어도 흐뭇해 하셨던 심만호 샘이셨다.
그렇게 저렇게 시간이 흐르면서도 심만호 샘은 우리가 궁금해 하는 연애편지를 끝까지 안 내놓으시고 샘하고 약속한 2학기 중간고사를 치루게 되었다.
"지홍아! 평균 50점 넘어야 한다. 알았지?"
"걱정 말라니까."
큰소리 뻥뻥치네...음. 지홍이에게는 뭔가 믿는 구석이 있어.
나도 안심 팍!
주산 시험시간에 열심 푼 후 답안지를 옆구리 쪽으로 살짝 밀면 지홍이가 내 것을 보고 열심 베껴 적는다.

잘들 하고 있어...
심만호 당신! 이젠 나에게 함부로 몬 할 것이다. 음므하하하!
그렇게 무사히 우리는 좋은 컨닝 자세로다 우수한 성적으로 시험을 마치고 시험 성적 발표하는 날을 기대하며 주산 시간을 기다렸고 드디어, 그 때가 왔다.
"정용갑!"
불러낸다.
푸하하하! 오늘 당신은 나한테 진검승부에서 진겨.
"유지홍. 54점!"
그렇지?
오우! 평균에서도 4점이나 더 나왔지?
근데,
"야 임마! 400점 만점에 고작 54점? 유지홍 주산 좀 가르키라고 했더니 이게 점수냐?"
헉!
이 인간 평균 50점 넘으라고 했더니?
그냥 54점 맞춘겨?
그 날 나 또 참새 되어 창문에 붙어 한 시간 동안 졸라 기합 받았당....
저녁 때 하도 열 받아서 야구부실로 가서 지홍이에게 물었다.
"너. 나한테 평균 50점 이상 충분히 맞을 수 있다고 했잖여?"
"근데, 용갑아! 평균이 뭐냐?"
헉!
나 그 날 심만호 샘에게 오전에 죽고 오후에 유지홍이게 두 번째 죽은 날 이었다!

도원결의

내가 중, 고교 시절을 살았던 곳은 그 당시 우범지대로 유명했던 뚝섬이다.
지금은 모두 사라지고 엄어 졌지만 하늘을 찌를 듯한 플라타나스 나무가 울창하게 있어서 신성일, 엄앵란 주연의 [청춘의 덫]이라던가 하는 3류 아류의 영화들을 찍었었던 서울에서는 그래도 명소중의 하나였던 뚝섬유원지가 있었다.
어릴 적 여름 날 엄니, 아버지 손을 잡고 한번쯤은 찾아와 한강 모래 해수욕장에서 뽀빠이가 그려진 튜브를 타고 놀았던 기억들이 있을 것이다. 내게는 추억이 많은 동네였는데 지금은 한강 유람선이 드나들며 카페며 고급 레스토랑이 들어서 가족 단위의 깔끔한 공원으로 바뀌었지만...
중학교 시절, 매일 친구들과 축구며 야구도 많이 했었던 곳이고 지금도 중학교 동창들이 그 동네에서 백수로 지내는 친구들이 있어 몇 년 전 까지만 해도 가끔 놀러 가면 어느 술집이며 카페에 들어가 중학교 친구들 이름을 대면 모두가 선배고 후배였었던 뚝섬...
그런 동네에 겨울이 찾아오면 스케이트 짊어지고 한강으로 모여들어 드넓은 강이 알어 붙어 있는 아주 훌륭한 스케이트장이 만들어진 곳에서 종일 꽁짜로 얼음을 지치곤 했었다.

"뭐하냐?"
동네 토박이이자 중학 동창 상돈이가 창문 넘어로 얼굴 길게 빼고 내 방을 기웃거리며 묻는다.

"응. 친구들 기다리고 있다."
창문을 타고 넘어온다.
"야! 대문으로 들어오지 너는 꼭 창문을 타고 들어오냐고?"
"너희 집 대문이나 창문이나 높이가 같잖여?"
그랬다.
그 당시엔 워낙 시골생활이 궁핍하다 보니 개나 소나 서울로 서울로 모이다 보니 집 구조가 벌집처럼 다닥다닥 붙게 지어 지하를 약간 파면 2층짜리 집을 3층으로 지을 수 있어서 1층은 약간 땅 아래로 내려가 있었기 때문에 창문이 대문보다 높기도 했었다.
그렇다고 씨블탱이가 꼭 창문으로만 들어오고 난리다~~
"너 때문에 창살이라도 달아야지..."
"창살 달면 옆집 영순이는 어디로 댕기라고?"
"하긴. 그 놈의 기집애가 다닐 곳이 엄것구만..."
우리 옆방에는 남산에 있는 전수학교를 다니는 동갑내기 계집이 하나 살았었는데 이게 완전히 야행성이다 보니 매일 밤 통금시간이 가까워서야 들어오니 지 엄니가 대문을 잠궈 버리면 꼭 내 방으로 들어와서 자기 방으로 기어 들어가니 환장을 해요.
어느 날은 내가 잠든 척 하고 창문을 안 열어 줬더니 창문 깨부수고 들어온다고 협박을 해서 여러 차례 열어 주다가 나중엔 아예 포기를 해 버리고 그 애가 들어올 때까지 잠그지 않고 잤었었다. 어떤 날을 그놈의 지지배가 안 들어오면 잠도 안 온 적도 있었었고...나 지금 뭐여?
"누구 오는데?"

"응. 친구 두어명 온다고 해서..."

"용갑아!"

진근이가 먼저 오네...

조금 있으니 영철이도 오고해서 우리는 스케이트를 어깨에 메고 유원지로 향했다.

영동대교를 올라가다가 유원지 아래쪽으로 난 육교를 내려가서 조금 걸으니 아따~~한강이 아주 꽁꽁 얼어있네요.

강바람이 매섭게 불긴 하지만 많은 사람들이 얼음을 지치느라고 모여 있었다. 우리도 한 쪽 귀퉁이로 가서 스케이트로 갈아 신고 신나게 겨울을 느껴본다.

2010년 올해도 많이 추웠지만 그 당시의 날씨는 참 많이도 추웠었던 것만 같다. 누가 만들어 놓은지는 모르겠지만 타원형으로 트랙도 만들어 놓아 TV에서 스케이팅 대회를 하는 것을 보면 멋지게 코너링도 하고 양손을 허리 뒤춤에 얹어 놓고 폼 나게 타 보려고 하지만 매번 코너링에서 다리가 꼬여 엎어지기 일쑤였지만 누구하나 나가라고 재촉하는 사람도 없고 못 탄다고 구박하는 사람도 없어서 좋기만 하네...

근데, 문제는 두어 시간을 빡세게 운동을 했더니 배속이 허전해 지는건 어떻게 해결해야 하는겨?

유료 스케이트장에 가면 김이 모락모락 피어나는 오뎅이며 떡볶기, 순대 등을 파는데 이건 허허벌판에 누가 와서 장사를 하것어? 배는 고파오고 체력은 바닥나기 시작하고...

모종의 조치를 취해야 할 때가 된 것 같다.

동네의 비하인드를 쫙 꾀고 있는 중학 동창 상돈에게 구원을 요청한다.

"상돈아! 어쩌지?"
"일단 짐 정리하고 나를 따라와라."
우리는 그렇게 짐 정리를 하고 상돈이를 따라 나섰다.
집 방향에서 약간 벗어난 유원지 끝자락으로 우리를 데리고 간다. 그곳에는 깨끗한 한강물을 이용하여 신선한 겨울 야채를 재배하는 농장이 하나 있었다.
"야. 여기는 누가 운영하는 농장이잖아?"
"오늘은 추워서 아저씨가 안 나왔을기다. 걱정마라."
큰소리 뻥뻥치는 친구를 믿고 우리는 농장 안으로 들어갔다.
친구 말대로 인기척이 없이 조용한 것이 우리를 안심시킨다.
"철이 너하고 진근이는 불 땔 수 있게 나무 좀 주워오고 용갑이 너는 나를 따라와라."
"OK!"
우리는 일사불란하게 분업화해서 움직인다.
친구 놈은 자연스럽게 자기 집인양 농장을 관리하는 움막으로 들어간다. 짚단이 몇 개 싸여 있었는데 능수능란하게 그것을 헤집더니 감자를 한웅큼 퍼서 내게 안으란다.
그리고 자기는 항아리를 열고 그 속에 보관되어 있는 은행알을 있는 주머니마다에 쑤셔 넣고는 나를 보고 씩 웃는다.
"맛 디지게 좋겠다."
영철이와 진근이는 장작을 모다 놓고 우리가 오기를 기다리고 있었다. 장작불을 피우고 감자를 얹어 놓고 담아온 은행알은 농장에 있는 삽자루 위에 올려놓고 약하게 굽고....
추위에 떨었던 몸을 불씨로 녹이면서 우리는 감자와 은행이 익기를 기다린다.

"목말라."
영철이가 목이 마르다고 채근이다.
"에이씨~~여기서 목이 마르면 어쩌?"
"상돈아! 농장 안에 물이 있겠지?"
나. 영철이 놈 우리 집에 놀러 와서 목말라 디질 뻔 했다는 소리 영철이 엄니한테 안 들을라고 물 찾으러 관리소로 간다.
오우! 물 항아리 발견!
그런데?
헉!
물이 꽁꽁 얼어서 꿈쩍을 안 해요.
동물 중에서 유일하게 도구를 사용할 줄 아는 것이 인간이라고 그랬지?
주먹만한 돌로 얼어있는 항아리 속 얼음을 깨기 시작한다.
톡톡톡!
그래도 꿈쩍을 안하네...
좀 더 쌔게 내리쳐 본다.
그래도 꿈쩍을 안하고 지랄이냉?
밖으로 나와서 머리만한 돌을 주워 와서 항아리 속 얼음을 향해 냅다 던졌다.
콰장창창!
크헉!
난리 났다.
항아리 속 얼음이 깨지면서 항아리 독까지 박살이 나버리네?
"뭐야?"
다들 놀라 달려온다.

이 처참한 관경을 보고 영철이 놈 또 한마디 한다.
"목마른데..."
이 상황에?
저런 말씀이 나오시나?
저 놈의 주댕이를 졸라 쪼사 버릴까?
목마름은 이제 참아야 하는 것은 필수가 됐고 그새 잘 익은 감자를 우리들은 입술이 시커멓도록 맛나게 먹기 시작한다.
정말 꿀맛처럼 달짝지근한게 역시 감자는 겨울철 별미여...
콩콩콩!!
은행 알 터지는 소리에 작지만 입안에 넣고 씹으면 고소한 냄새가 혀끝부터 발가락까지 전해져 오는 오묘한 맛이 애간장을 녹이누만 잉~~
"목말라!"
아이 씨 영철이 저 새끼는 붕어띠여? 물만 찾네...
하긴 삶은 감자와 구운 은행만 먹어댔으니 당근 모두 목이 마르겠지만 이런 비상시국에 물 타령까지 한다면 프로래타리아 혁명 속에서는 바로 숙청될 부르조아지!
"저기 아래 가면 왜무가 있는데 단물이 많이 나온다. 그거 뽑이 먹으면 되겠다."
우리가 중국집 가면 나오는 단무지를 담그는 호리호리 하면서도 긴 무우를 말하는데 그것을 왜무라고 부른다.
"용갑아 같이 가자."
겁 많은 영철이는 나의 손을 꽉 잡고 무밭으로 간다.
긴 밭에는 겨울철인데도 쫑쫑스럽게 무들이 튼실하게 잘 자라 있었다. 대가리 수에 맞게 무를 뽑고 있는데?

영철이 놈 뭔가를 발견했는지 혼자 줄행랑을 놓는것 아닌가? 뭔 일인가 하고 쳐다보았더니 영철이 튄 반대쪽에서 아저씨 한 사람이 불이 났게 달려오는 것이 아닌가?
우왁!
우리 디졌다.
뽑던 무는 팽개치고 친구들에게 달려가 고한다.
"튀어!"
"영철이는?"
착한 진근이 영철이를 걱정한다.
"그 인간 벌써 튀었어. 빨리~~"
잉?
근데, 쫓아오던 아저씨가 안보이네?
잠시 쳐다보고 있노라니 아저씨가 일어나서 옷을 털고 계시네? 급하게 우리를 잡으러 오시다가 얼음판에라도 넘어 지신듯하다.
불쌍한 아저씨!
그 사이에 잘 익은 감자와 은행알을 챙기는 상돈이와 진근이. 용의주도한 놈들이여...
우리는 어눌한 아저씨 때문에 가볍게 탈출에 성공하였고 맛나게 구운 감자와 은행알도 모두 챙겨가지고 집으로 올 수 있었다.
"영철이는 왜 아직도 안 오는데?"
그러게.
벌써 한 시간도 지났는데 통 나타나질 않고 있다.
그렇게 기다리고 있는데 터덜터덜 골목에 영철이가 보이네.

"야! 왜 이렇게 늦게 와?"
영철이는 우리들의 말에 대꾸도 하지 않은 채 시무룩한 표정으로 방으로 들어가 버린다.
뭔 일 있었나?
참!
아까부터 목이 말라서 물에 빠져도 붕어하고 대화할 놈인데 오죽이 목이 말랐으면 말을 못하고 있겠구나 생각하니 저놈 목말라 디지기 전에 물이라도 실컷 먹여 줘야겠다 생각하고 시원한 물을 한 그릇 들고 방으로 들어갔다.
"물 마셔라."
"치워..."
잉?
쟈. 왜 그런댜?
"뭔 일이야?"
"너희는 나쁜 놈들이야!"
이게 왠 자다가 삼월이 허벅지 긁는 소린감?
"..."
"아까 그 아저씨 말이야. 용갑이 니가 깬 항아리 앞에서 울고 있더라. 흑흑흑..."
흐헉!
영철이 울고 있네?
중학 동창 상돈이가 읊어 댄다.
"그 아저씨구나....갈 때가 엄어서 거기서 겨울에도 먹고 자고 하면서 일만 한다는 불쌍한 그 아저씨...."
그래서 착하신 영철이 당신도 울고 있는겨?

그런 아저씨의 피 같은 물독을 박살낸 나, 그날 친구들 앞에서 죽일 놈이 됐다.

“우리가 물 항아리 다시 사다줘야겠다 그렇지?”

그런 나를 더 악당 같은 진근이가 태클을 건다.

“그러다가 걸리면? 그때는 정말 그 아저씨한테 뼈도 못 추린다...”

하긴,

지금 그 아저씨에게 뭐가 보이겠어?

당장에 잡히면 때려죽일 라고 그러시겠지?

우리는 잠시, 영철이의 눈물에 마음이 약해졌었지만 우리의 목숨을 보전하기 위해 평생 쌩~~까기로 도원결의를 했답니다.

80원짜리 라면

점심시간만 되면 교내 식당은 80원짜리 라면을 먹기 위해 북새통을 이루었었지.
그때는 왜 그리도 허구한 날 배가 고팠었는지....
식당에 들어서면 선배고 후배고 먹는 것 앞에서는 서열이 필요 없어서 식당에서만큼은 오는 차례대로 서서 라면을 사 먹었었다. 라면 한 그릇에 80원!
그 당시 버스비가 30원 정도 했었나?
그것도 회수권을 사면 10장짜리를 11장, 12장으로 토막을 내서 우리들에게 엉덩이 많이 내어준 안내양들과 실랑이를 하곤 했었다.
"야! 이거 반쪽이잖아?"
"반 쪼가리 지폐 들고 은행가면 바꿔 주는 것도 모르냐?"
말도 안 되는 썰래바리로 안내양 입을 막아대던 시절이었지.
하여튼, 우리들의 고교시절엔 도시락을 두 개씩 싸가지고 다니면서도 점심시간만 되면 식당을 가지 않고는 화장실 들어가서 뭐 안 닦고 나온 것처럼 하루가 무미건조했었다.

딩동댕!
4교시 종료 벨 소리가 나면 젖 먹던 힘까지 다해서 식당으로 Chip Start!
우리들은 아무리 빨리 달려도 구관을 교실로 썼던 다른 학년들보다 늘 뒤에 설 수 박에 엄었다.
"야! 너희들 뒤로 가 서!"

1학년 후배 놈들에게 부탁 반 협박 반으로 이바구를 친다.
“안돼요!”
“이것들이?”
“배째요. 우리들도 배고프단 말이예요.”
몇 놈이 뭉쳐서 덤벼들면 어쩔 수 엄이 맨 뒤 꼬랑지로 가서 10~20분을 기다리기 일쑤였다. 침 질질 흘리면서 식당 안을 들여다보면 라면을 끓이는 내부 전경은 가관이 아니었다.
족히 라면 100개를 한 번에 끓여 댈만한 가마솥에다가 끓지도 않는 물에 강제로 라면을 투하하고 삽만한 주걱으로 휘휘 젓다보면 라면이 불에 끓여져서 풀리는 것이 아니라 어느새 삽질에 어쩔 수 엄이 풀어진 라면을 집게로 한웅큼 집어서 플라스틱 짜장면 그릇에 담고 기름 범벅된 때꼽짝 묻은 바가지로 희멀건 국물 한 사발 퍼서 내 주면 그것을 허천나게 먹어야 했었던 80원짜리 라면.
윗부분의 라면은 익지 않아서 밀가루 냄새가 풀풀 나고 밑바닥의 라면은 팅팅 불어 젓가락으로 집으면 우수수 끊어지고.
그렇게 힘들게 라면 한 그릇 차지하고 귀퉁이에 짱박혀 한 젓가락 뜰라 하면 어느새 냄새를 맡고 나타나는 하이에나 같은 놈들.
“콩 한쪽도 나눠 먹어야 친구지!”
쓰블팅들~~!!
언놈이 학교로 콩 가지고 와서 나눠 먹는 것 지금껏 한 번도 못 봤다. 젓가락만 들고 식당을 배회하는 빈대 놈들에게 한 젓가락씩 빨리면 남는 건 국물 뿐...
“용갑아! 국물에 밥 말아먹자.”

찬합 도시락을 두 개씩 싸가지고 다니던 이완희가 찬합 도시락을 들고 내 앞에 서서 회심의 미소를 짓는다.
'악랄한 놈들...국물까징 쪽쪽 빨아대는 구만.'
아! 이놈의 배는 언제쯤에나 포만감을 느낄 수 있을까?
"용갑아! 20원만 줘라"
그 와중에 또 라면 80원 계산하면 20원 남는 것을 삥을 뜯어 모아서 라면을 사 먹는 놈이 있었다.
누구라고 말하면 지금 그 놈의 하이 소셜티 사회적 지위에 충격을 줄까봐서 실명을 거론하지 몬 하겠지만 그 때를 반성하기 바란다. B·H·S야!
점심시간에 한꺼번에 몰려서 먹다보면 자리가 없어서 서서 먹는 놈들! 매점 입구에서 쭈그리고 앉아서 먹는 놈들!
젓가락 부대에 쫒기면서 이리저리 옮겨 다니며 먹는 놈들...
흡사 동네 야시장보다도 더 난장판이었던 식당이었었다.
"모여라~~!!"
8명이 10원짜리 한 개씩을 모아서 가위 바위 보를 해서 1등하는 사람이 라면 한 그릇을 독차지 하는 복불복 게임을 하는가 하면 점심 끝나는 시간까지 기다렸다가 라면 끓이는 아저씨에게 국물이라도 좀 달라고 빈 그릇을 디밀고 있는 친구들도 있었고 그것마저도 차지하지 몬한 친구들은 아쉬운 마음을 달래며 무겁게 교실로 발길을 옮기던 우리의 고교시절!

어느 날이었다.
6교시 수업이 끝나고 배가 넘 고프길래 식당으로 달려가 라면을 시켰다.

"너. 2학년이잖아? 오늘 7교시 아니여?"
당근 7교시 수업이 있지요.
"선생님이 오늘 안 오셔서 자습 시간이예요..."
"정말이지?"
"...네..."
"거짓말 하면 라면 안준다?"
대 선린상고!
그날의 수업이 종료되지 않으면 그 학년들에게 라면을 팔지 않았던 참 훌륭한 교칙을 가지고 있었던 우수한 학교였었다.
그렇게 뻥치고 라면 한 그릇을 먹고 나오는데 벌써 7교시 시작종은 울리고...본관 3층 중간정도에 내 반 교실이 있었다.
식당에서 3층 복도를 들어서는데 왜 하필 복도 맨 첫 반에서 우리 담샘 영어 시간인겨?
1층 복도로 내려갔다.
교무실을 갔다 온 것처럼 하기 위해서 잔머리를 굴렸다.
교무실을 지나 가운데 계단으로 올라가려는데 설익은 라면을 먹어서 그런가 배속에서 부글부글 거리네...
우리들이 쓰는 화장실에 가면 화장지가 엄는디...어쩌지?
그러면, 수업시간이고 하니까 샘들 쓰시는 화장실에 잠시 실례해도 되것고 그곳엔 항상 화장지도 준비 되어 있것고 해서 샘들 쓰시는 화장실에 가서 시원하게 한판을 밀었다.
흐미 시원한거~~^^

개운한 기분으로 수업중인 교실로 들어간다.
"너. 어디 갔다 와?"

"네. 배가 너무 고파서 라면 한 개 먹고 왔는데 라면이 늦게 나와서 지금 왔습니다. 죄송합니다."
"야 임마! 수업 시작됐으면 빨리 빨리 들어와야지. 들어가!"
"넵."
대답을 하고 들어오려는데?
"응? 너. 이리와 봐."
"?"
"너. 라면 한 그릇 때리시고 식후연초 하고 오셨나?"
"예?"
"이자식이 아주 식후연초까지 하고 들어 오셨구만?"
뭔 소리데?
"너. 지금 니 옷에서 나는 냄새....담배 냄새 맞지?"
잉?
맡아보니 내 옷에서 진짜로 담배 냄새가 나네?
"저 담배 안 피우는데요?"
"이 자식이. 니 옷에서 담배 냄새가 진동을 하는데 안 피웠다고 거짓말을 하네?"
"저 정말 담배 안 피운다고요."
"근데? 지금 이 냄새는 뭔데?"
"...이상하네..."
"뭐가 이상해. 야! 꼴초 은경환. 너 나와서 냄새 맡아봐."
은경환. 나와서 내 옷 냄새를 맡아본다.
"이 놈이 피운 담배 냄새 맞지?"
경환이 내 눈치를 슬슬 보면서 샘에게 고개만 끄덕거린다.
"맞다잖아. 꼴초 놈이."

“저 정말 담배 안 피운다고요...”
“이 자식이 끝까지 안 피웠다고 우기고 지랄이네.”
나야말로 환장 부루스 때리넹!
“야 자식아. 벌써부터 식후연초하면 뼈 녹는다. 끊어 임마. 들어가!”
에이씨!
정말 그때는 담배 안 피웠는데...
나중에 유추해보니 자초지종은 그랬다.
80원짜리 설익은 라면을 급하게 먹고 오다 보니까 뱃속이 안 좋아 샘들 화장실에 들어가서 한판을 밀고 있을 때 옆 칸에서 어떤 샘이 볼일을 보시면서 담배를 피우셨던 것이 내 옷에 배어서 그랬던 것이다.
그날 다행히 상업영어를 가르치시는 유순한 샘이셨길래 훈방조치되었지만 조대감 샘이라도 되셨으면 아마도 상담실 일주일은 내 혼자 광을 냈을 것이다.

“야! 은경환. 너 내 옷에서 진짜로 담배 냄새 나데?”
“용갑아! 식후연초는 불로장생이라고...80원짜리 라면을 먹어도 건강을 위해서 한 대는 태워 줘야 된다.”
흐헉!
설익은 80원짜리 라면 한 그릇에 목숨 걸었던 우리들의 효창골이 가끔 그리울 때가 있다...

연애편지 대행 서비스

고3때 화성인 서정환으로 부터 시작한 연애편지 대행 서비스.
"용갑아! 울 교회에 내가 좋아하는 얘가 있는데 문학의 밤 시간에 그녀에게 내 사랑을 고백할 편지 한통만 써 줘라."
그리곤 내 주머니에 거북선이 그려진 500원짜리 고액권 지폐 두 장을 담아주고 간다.
쓰블팅!
80원짜리 라면 한 그릇이면 되는데 왠 거금씩이나?
에라~~!!
지 놈 집 잘 사니까 주겄지 하고 화성인에게 받은 것이 시초가 되어 연애편지 한 통 대행에 1,000원이 된 것이다.
화성인처럼 편지 딸랑 한 통에는 1,000원이었고 [밤하늘에 빛나는 별보다 아름다운 소녀의 맑은 눈망울이 저 별보다 백배는 밝고 고운...어쩌구 저쩌구]하는 구구절절한 사연이 담기는 고난도 테크닉션이 필요한 것은 1,000원에 라면 두 그릇 추가요! 보낸 편지가 답장이 오면 드럽게 좋아해서 그 날 라면은 화성인이 몽땅 쏘곤 했었지...
하라는 공부는 안하고 찬 벌걸로다 시간을 죽였으니 취업의 혜택을 전혀 받지 몬 했던 것 이 아닌가 하는 나만의 유추.
연애편지 대행 서비스가 옆 반까지 퍼지면서 14반 아이들도 나의 고객이 되곤 했었다.

어느 날.
나의 단골 화성인이 내게 와서 또 한 장의 편지를 부탁한다.

"옆 반에 내 친구가 너를 잘 모른다고 해서 나보고 대신 좀 부탁을 하는데..."
그리곤 어느 학교 몇 학년, 이름을 적은 쪽지를 주고 간다.
"요금 선불이야."
"알았어..."
요금을 선불로 받지 않으면 내용이 어쩌고저쩌고, 맘에 드니 마니, 요로코롬 조로코롬 수정을 해 달라고 주문이 많아서리. 일단 돈부터 받으면 내용이 쪼매 럭셔리하지 않아도 내가 빽 하면 "배째!" 라고 해버리면 웬만하면 그냥 그 내용의 편지를 자신의 필체로 그대로 베껴 소녀들에게 보낸다.
나의 철저한 용의주도함!
"희디힌 그대의 피부에서 풍기는 비누 내음에 나는 오늘도 정신을 몬 차리고 그대를 생각하며 먼 하늘만 바라봅니다. 그대를 나의 하늘에 옮겨놓아 솜사탕 같은 구름위에서 너울너울 함께 춤을 추고 싶습니다...."
유치 찬란 빤쓰같은 내용이지만 그 당시에는 그것이 대세였다. 고운 미사여구 몇 마디를 만들어 화성인에게 전달하니 디지게 좋아한다.
"고마워. 잘 되면 한 턱 쏠께!"
지 것도 아님서 지가 왜 나한테 쏜다는겨? 이상한 놈일세....

그리고 몇 일이 지났다.
"답장이 왔단다. 답장 편지 한 통 더 써 달란다..."
"OK!"
또 시부렁 더부렁 두어 장 써서 주니 화성인 입이 귀에 걸려 내려오질 않네요.
"종철아! 라면 먹으러 가자."
화성인!
종철이 까지 불러 라면 두 그릇도 자기가 다 알아서 사네?
옆 반 친구꺼라더니?
뭔 냄새가 나는데...
그렇다고 내 알빠 아니고 나는 단지 대행일 뿐이지...
편지 대행이라고 연애 대행까지 착각을 해선 안 된다는 말씀이시지. 이 대목에서 20대 초반에 중학교 선배가 [한시네마]란 영화사에 조연출로 근무했을 때인데 한시네마 영화사는 영화배우 한지일 씨가 대표이면서 애로영화를 전문적으로 찍었었던 곳이다.
동네에서 술 한잔 하는데 중학 동창 친구 놈이 그 선배에게 여배우들 진짜로 다 벗고 찍느냐고...진짜로 꼴리면 어떻게 하냐고...이것저것 자꾸 묻길래 선배 하는 말
"니가 직접 한 번 해 볼래? 내말 잘 들으면 포르노 배우 시켜줄게..."
그 다음날부터 친구 놈 그 선배를 졸졸 따라다니더니 [앵무새부인]시리즈에 몇 번 나오더니 그 다음부터는 안보이더라...
이렇듯 직접 해 보지 않는 이상 대행이나 잘하란 말이지요.
화성인은 교회에 같이 다니는 여학생과는 잘 이루어지고 있는지 가끔 감동의 물결이 넘치는 이야기로다 한 통씩 부탁을 하고 또 옆 반 친구의 편지도 써달라고 계속 대신 내게 부탁을 했다. 그렇게 계절이 바뀌고 왜놈들의 잔상인 검정 교복을 하복으로 바꿔 입을 쯔음.

"용갑아!"

그날따라 진지하게 내게 와서 부탁을 한다.

옆 반 친구가 소녀와 잘 안되고 있다고 감동이 태평양을 이룰 수 있는 장문의 편지를 부탁한다고 전한다.

"한 20장 정도 써서 보내면 감동이 산을 이루겠지?"

얘가 편지지에 아주 소설을 써 달란 소리야?

그리곤 거금 2,000원을 내 놓고 가버리네...

편지를 20장이나 써 달라면?

쓰블팅!

그 당시에 내가 뭔 소설 쓰는 작가였냐?

하지만,

정용갑, 거금 2,000원에 눈이 멀어 그날부터 교과서 덮어 버리고 [좁은문]을 탐독하고 장문의 편지를 써서 화성인에게 전달을 했네. 좋아서 기겁을 하면서 내게 한마디 하네.

"언제 이걸 다 베끼지?"

이 인간을 죽여 버려?

울 엄니 고쟁이를 찢어 머리티 만들어 대가리 싸매고 쓴 나도 있는데 고작 베끼기만 하면 되는 것을 내 앞에서 걱정을 하고 있어?

"너 디질래?"

AC～～헤벌래 웃으며 사리지는 행복해 하는 화성인!

이참에 그 편지 가지고 니 고향 화성으로 돌아가라!

그런데 다음날.

가뜩이나 얼굴에 분화구가 많아서 화성인인데...

그날은 분화구 사이사이가 파여서 왔네?

"야! 너 그럴 수 있어?"
다짜고짜 내게 엉기네?
"왜? 먼일 있냐? 얼굴은 그게 뭐꼬?"
"편지에 이름을 잘 써야지 얘 이름 썼다가 재 이름 썼다가...
나 죽일 일 있냐?"
그날 화성인은 얼굴에 난 분화구 구멍이나 만큼 큰 상처를 입고 내가 이해하지 몬 할 이야기만 횡설수설 하고는 하루 종일 아무것도 먹지 않고 운동장의 플라타나스 나무만을 쳐다보며 멍을 때기고 있더라...
몇 일이 지났다.
점심시간에 나를 조용히 불러 숲 아래 그늘로 간다.
화성인 분화구가 폭발한 그날의 비화를 들려주더라.
교회에 함께 다니는 여학생은 동네에서 만나는 소녀고 밖에서 만나는 소녀는 지금까지 내게 거짓으로 옆 반 친구를 팔아서 편지를 써서 보냈던 여학생이었었다고 고백을 한다.
"야! 똑바로 말하면 내가 안 써 줬겠냐?"
"니가 나를 이상하게 쳐다 볼 것 같아서 그랬다..."
참 별걸 가지고 소심하기는...
"근데 뭐가 문제였는데?"
"니가 장문의 편지를 써 준 날 편지 전달하러 상명여고 앞으로 갔었지. 그리고 걔 만나서 편지를 전달해 줬더니 얘가 책만큼 두꺼운 편지를 보더니 정말 감동을 하더라고....그렇게 그 긴 편지를 읽는 동안 나도 너무 흐뭇하길래 빵을 추가로 시켜 먹는데? 아 글쎄 얘가 자꾸 얼굴이 일그러지는거야."
"왜?"

"에이씨~~니가 써 놓고도 모른단 말이야?"
"?"
"야! 인간아. 명자로 시작했으면 명자로 끝이 나야지 왜 뒤로 갈수록 숙희가 나오냐고?"
그랬다.
'TO. 아름다운 명자에게'
로 시작한 편지가 중간으로 갈수록 '예배당에서 기도하는 숙희의 고운 자태에 나의 발걸음이 떨어지지 않는다오....'
로 끝이 나고 있었으니 그 편지를 읽은 명자의 심정이 어떻겠었냐고....그 심정 그대로가 화성인의 얼굴에 그대로 분출되었으니 화성인의 분화구가 터져 버린거지.
생각해 봐라.
그 긴 장문의 편지를 쓰다 보니 나중엔 다른 친구들 연애편지에 나오는 여학생들 이름하고 햇갈리기 시작하다보니 그런 일이 벌어진 것이었다.
"야! 너도 그렇지. 베껴 쓰면서 그것도 하나 발견 못했냐?"
"긴 편지를 베끼기도 바빴는데 언제 그걸 발견하냐고?"
나 그날 화성인에게 원투 스트레이트에 오른손 왼손 어퍼컷으로 초죽음 되고 그 동안 편지 대행해서 받은 돈 다 게워 내라고 하는데 '배째'라 했더만 정말 칼을 가져 올 기세라 협상을 했다. 연애편지 한 통 대행할 때마다 500원씩 갚기로....
그러면 꼭 착하게 라면을 사 주었던 심성 고운 화성인!
서정적인 분위기를 느끼실 분 있으면 알약 하나 드세요~~
서·정·환~~!! 썰렁했나? 푸하하하!
화성인아! 화성에서 지구로 귀환하면 언제 얼굴 좀 보자^^

멸치와 새우

친구에게는 남동생이 하나 있다.
우리보다 두 살 어린데 그 동생은 같은 뱃속에서 태어났지만 사내답게 생긴데다가 친구하고는 완존 판이하게 틀려 어릴 적부터 운동신경이 좋아 중학생 때부터 주니어 농구 국가대표로 활동을 하였었다.
그래서 늘 친구는 어머니에게서 동생과 비교 대상이 되면서 슬프게도 어머니의 구박덩어리를 면하지 몬 했었다.
하지만 가끔, 정말 가~~끔 고슴도치가 새끼 놈 한 번 챙겨 준다고 어머니가 맛 난 것 사다주면 그 전에 구박 받은 것은 저 멀리 사라져 버린 체 엄니 앞에서 한없이 재롱을 피우곤 했었던 순진무구 친구였다.

햇살 맑은 어느 초 여름날,
행당동에 있는 무학여고에서 농구대회가 열린다고 하여 응원 차 둘이 가기로 한다.
친구 어머니가 동생 시합 끝나면 배고플 것이니 맛있는 것 사주라고 돈을 주셨는데 어머니의 하명은 깡그리 무시하고 과감하게 우리 배부터 채우고는 학교를 나섰다.
버스를 타고 무학여고 앞에 내리니 지름길이 있다고 하여 좁은 골목길을 접어들었다.
더덕더덕 붙어 있는 가정집들이 즐비하게 늘어 선 전형적인 달동네 마을 골목길을 걸어 올라간다.
"계란이 왔어요. 굵고 싱싱한 계란이 왔어요..."

소형 리어카를 끌고 가는 계란 장수의 구슬픈 소리가 동네 좁은 길에 퍼진다.
"짤랑 짤랑! 짤랑 짤랑!"
그 뒤를 고물장수 아저씨가 따르며 연신 가위질을 해 대고...
겨우 두어 명 지나 갈 수 있는 좁은 골목에 연신 사람들이 지나가고 뭔 놈의 장수꾼들이 왔다 갔다 하는지 학교 앞이라기보다는 흡사 시장 뒷골목 같은 풍경들이다.
"오늘 시합에서 이기면 다음 주에 전국대회 나간다. 거기서 준결승까지 올라가면 국가대표로 뽑힌다고 하더라."
"우와! 니 동생 운동 잘 하는 모양이구나..."
"응. 나 닮아서 그 놈 운동 잘한다."
"?"
"왜?"
"운동 잼병인 너는 안 닮은 것 같은데?"
"뭔 소리냐? 나도 중학교 때는 멀리뛰기 좀 했다고 왜이래?"
"니가?"
"왜 이러셔! 나도 중학교 때는 한가락 했다고..."
암만 봐도 친구의 썰래바리인 것 같은데 확인 할 바가 없길래 언덕길을 열심히 걸어 올라간다.
"학교 올라가는 길이 왜 이렇게 좁냐?"
"큰 길로 가면 돌아가니까 이리 가는 거야..."
그러던거 말던가! 빨리 가면 되는기지요...
담배 가게가 있는 좁은 골목길 모퉁이를 돌아 서는데.
잉?
왠 여학생 3명이 우리 앞을 막고 걸어가고 있네?

동생의 시합 시간이 다가오는데 여학생들은 무슨 이야기를 재미있게 하는지 까르륵거리며 좁은 골목을 다 가로막고 느긋하게 걸어가고 있다.
잠시, 우리는 그 여학생들을 앞질러 가야 하는데 어쩔까 하다가 헛기침을 한 번 한다. 힐끔 뒤를 처다 보더니 우리들의 길을 비켜줄 생각을 안 하네?
다시 한 번 "흠흠!"
또 처다 보더니 지기들 끼리 끼득끼득 거리곤 길을 비키질 않네요.
'이것들이?'
"생선이요. 생선!"
내가 외쳤다.
다시 우리들을 처다 보던 여학생들 그때야 길을 비켜 준다.
우리는 길을 터 준 여학생들 앞으로 종종 걸음을 내 딛는다.
"어머! 멸치도 생선이니?"
헉!
이게 뭔 소리냐?
우와 이거 미치겄네....화가 치밀어 오른다.
갑자기 얼굴이 화끈 거린다.
뒤 돌아서서 친구가 한마디 날린다.
"뭐라고? 너희들 지금 뭐라고 그랬어?"
"어머! 멸치 옆의 새우가 뛰고 있네?"
후덜덜덜~~!!
"너희들 죽을래?"
머리끝까지 화가 난 친구 여학생 3명과 입씨름이 붙었다.

"너희들 지금 우리한테 뭐라고 그랬냐고?"
"어머머! 생선들이 짝에서 튀어나와 거리를 활보하네."
"그것도 멸치와 새우라는 생선 축에도 몬 끼는 것들이 말이야. 호호호호!"
"이것들이 너희들 말 다했냐?"
우라통이 치밀어 미치것다.
"너희들이 생선이라고 했잖아? 생선 지나간다며?"
"야! 그래도 내가 멸치로 보이냐?"
"그래! 그 옆에는 새우고..."
환장 부루스 때리네.
"너희들 정말 디져볼래?"
"어머머! 새우가 아직도 싱싱하다 얘. 팔딱팔딱 잘도 뛴다. 호호호!"
아우! 저것들을 그냥!
"너희들 몇 학년이야?"
"뱃지를 보니 3학년? 우리도 3학년이다 왜?"
우리들 왼쪽에 붙은 Ⅲ마크를 보곤 바로 대처를 한다.
근데, 그 당시 왜 여학생들은 학년을 알리는 뱃지를 안 달았던 거야?
"니들 보니까 이제 1학년 정도 밖에 안 보이는데?"
"어머머! 쟤들 우리가 그렇게 어려 보이나 봐. 고맙다 얘!"
어쭈구리! 이것들이 완전히 우리를 물로 보고 갖고 노시네.
"시끄럽고 니들 우리한테 생선이라고 놀린 것 사과해."
"못 하겠다면? 생선 지나가는데 생선 이름 좀 불렀다고 뭐가 잘 못 된건데?"

"어유 저것들을?"
"뭐야?"
그때 한 무리의 무학여고 샘들이 내려오시면서 우리를 발견하시곤 다가오신다.
"너희들 뭐야? 왜 여학생들 괴롭히는데?"
"...저 그게 아니라..."
"이것들이 남의 학교 앞에까지 여학생들 꽁무니 따라와서 행패들이야? 너희들 어느 학교야?"
헉!
그게 아닌데...
"선생님! 쟤들이 우리들을 보고 자꾸 생선을 사라느니 자기네가 생선이라고 자꾸 이상한 이야기나 하고 정말 이상한 얘들이예요...."
그 중에 한 여학생이 자기네 샘에게 일러바친다.
그것도 정말 이상하게 말이다.
정말 돌아버리겠네!
생선 이야기?
그건 내가 먼저 한 것이 맞긴 맞는데 정작 피해자는 우리라고요오오오~~!!
"야! 학교에 안 알릴테니까 빨리 돌아가."
무학여고의 샘들은 아주 크게 선심 쓰듯이 우리에게 독려를 하신다.
"...저 제 동생이 이 학교에서..."
"이 자식들이 정신 몬 차리네. 니 동생이 이 학교를 다니기라도 한다 말이야?"

"아니. 그게 아니라요..."
"그럼. 빨리 가란 말이야. 너희들 여학생들 쫓아다닌다고 풍기문란으로 학교에 알릴까?"
에이씨~~그게 아닌데!
"지금 바로 가지 않으면 니들 이름 적어서 학교로 보낸다?"
우리는 그 소리에 꼬랑지 내리고 뒤 돌아 서서 오는데...
"야! 니들 1학년들 수업 종례했으니 그냥 집으로 가도 된다."
이건 뭔 개 풀 뜯어 먹는 소린감?
1학년?
우와! 뚜껑 열리고 스팀 팍팍 오른다.
1학년들에게 완전 우롱 당했다.
"친구야! 그냥 갈 수 엄지?"
"하모! 디져 버려야지."
우리는 그 날 샘들의 협박에 밀려 학교 아래로 내려와 그 여학생들이 나오기만 기다리며 진을 쳤다.
그런데 아쉽게도, 밤이 늦도록 진을 쳤건만 그 여학생들을 잡지도 못하고 쫄쫄 거리는 배만 잡고 패잔병처럼 쓸쓸히 집으로 돌아가야 했었던 슬픈 날이었다.

1학년 입학 당시에 맞춰 입은 옷은 3학년이 되면 몸에 꽉 낄 수밖에 없는 한창 끌 나이에 나의 하복도 당연히 몸에 꽉 껴서 2년 사이에 20cm나 자라버린 키에 몸무게는 별로 안 나가는 삐쩍 꼴은 상태가 그 여학생들에게는 당연히 멸치로 보였을 것이요, 친구의 눈은 태어날 때부터 낯짝이 두꺼워 눈 주위의 피부가 덜 찢어져 새우 눈이 된 것인데...

그건 순전히 조상 탓인 것을 그놈의 지지배들에게 놀림감이 되어 버렸으니 참 한심스러운 그날의 두 마리 생선들이었다.

다음날 친구 엄니께서 호출을 하여 어머니 가게로 갔다.
“너희들. 동생 응원가라고 했더니 여학생들 뒷 꽁무니나 따라 가다가 시합장에도 못 들어갔다며?”
“어머니! 그게 아니라요 생선 사건 때문에...”
“뭐? 생선? 야! 이놈들아. 동생 응원가라고 했지 생선 사오라고 했어? 죽을래?”
친구야!
전날 여학생들 기다리다가 나오지 않길래 나와 헤어져 집으로 가는데 갑자기 새우가 먹고 잡아 왕십리 시장에 들러 새우를 사가지고 집으로 갔는데 동생 놈이 이미 와 있어서 핑계를 댔다고 한다.
‘오늘 시합하느라고 고생해서 형이 너 줄라고 사왔다’고 했다가 엄니한테 죽도록 혼났다고 한다.
그래서 나를 불러 확인을 할라꼬 했는데...
이놈의 나도 어머니 앞에서 생선 이야기를 꺼내니 가뜩이나 새우 때문에 심기 불편하신데 기름을 부은 꼴이 되고 말았었었다.
친구야!
새우는 튀겨야 제 맛이고 멸치는 볶아야 제 맛인겨~~쩝^^

하마깡

고3때 이야기다.
우리 시절 청량리 가면 유명한 오스카 극장이 있었다.
공부 좀 한다는(이상 재선군의 말씀)친구들이 자주 갔었던 좋은 환경이라서(?)마이들 갔었는데...
그 뒷골목으로 이쁜 언니들 우리들 가면 영계들 잡아먹을 라꼬 썰래바리 치며 꼬시던 시절이었는데...
AC...우리도 그 시절이 있었는데...

학기 초였을 것이다.
어느날 아침, 썰래바리 태종이가 우리보고 모이라고 하더니 오늘 미팅할 사람 손을 들으란다.
나, 타조, 한연호, 그리고 오현석...등등
그렇게 7명인가 성원 구성이 되어 하교 후에 모여서 청량리로 가기로 했다.
기대 반, 우려 반 혹시나 이쁜애가 걸릴까 아님 폭탄일까...
재미나는 상상을 하면서 우리는 청량리 오스카 극장 1층 빵집에 도착했다. 아마도 그 빵집 이름이 몽블랑(?) 이었나?
잠시 후 교복을 깔끔하게 입은 싱싱한 언니들이 들어오고 서로 통성명을 하고 짝 짓기를 하여 각자 파트너가 되어 빵 한 조각씩 입에 개워 넣고 각자 나왔다.
누구는 어디로 가고 누구는 어디로들 간다고 뿔뿔이 흩어졌다. 그때 나는 파트너를 데리고 태릉으로 갔던 기억이 난다.
어두운 태릉 숲에 가서 뽀뽀나 좀 할라고...

태릉은 공원치고는 늦게까지 문을 열었기 때문에...푸하하하!
근데 그 날 그 지지배 팅겨 가지고 하지는 못 했지만...
쩝! 너 같음 첫 만남부터 입술을 주겠으요?
그렇게 하루가 가고 다음날 아침에 학교를 갔더니 어제 미팅 이야기로 화제가 모이고 나는 어디 가서 뭘 했는니...너는 어디 가서 뭐 했느니 온통 미팅 이야기뿐이다.
근데 하마만 아무 말을 하지 않고 있어서 내가 물었다.
"하마야! 너는 어제 걔랑 어디 갔는데?"
"....."
말이 엄다....
"너는 어데 갔느냐고?"
".....집에...."
헐~~집에?
"걔 집까지 바래 다 줬다고?"
"....."
"에이씨~~첫 날부터 집까지 바래 다 주고...느낌이 좋구만...어제 애들 중에 걔가 제일 났더라..."
"....."
그렇게 그날은 종일 미팅 이야기를 하며 하루를 보내는데...
방과 후 현석이가 태종이와 할 이야기가 있다고 나보고 먼저 가란다. 오늘도 보람찬 하루를 보내고 집으로 고고싱~~!!
만원버스 차장 언니 방댕이 만지는 재미도 쏠쏠했던 그 시절.

다음날 아침,
현석이가 타조에게 다가가 묻는다.

"연락 된겨?"
"응."
"?"
쟤들 어제부터 뭐야?
"6시까지 그리 가면 나와 있을 거야."
"고마워~~"
화색이 도는 현석이의 얼굴. 대체 뭐지? 겁나 궁금해지넹...
오늘도 어제처럼 보람찬 하루를 보내고...
(학교 등교한 것만으로도 훌륭한데 수업까지 다 마쳤으니 얼마나 보람된 일이여...)
나하곤 아주 아주 안 친했던 홍현기 담임 샘 종례를 마치기 무섭게 하마놈 잽싸게 가방 챙기더니 눈썹 휘날리도록 달려 나가 버린다.
"태종아! 쟤 오늘 왜 저러는데?"
"그날 미팅한 얘 말이야. 다시 만나게 해 줬거든..."
"집에까지 바래 다 줬다며. 그리고 에프터 한 것 아니언남?"
"에프터는 뭔 에프터. 하마 놈이 말 한마디 못하니까 여자애가 그냥 버스타고 집에 가버렸단다. 그래서 오늘 다시 만나게 해 준거야...."
푸헐~~~~!!
하마놈 숫기가 엄서서 그날도 모두 모여서 이야기 나누는데 말 한마디 못하고 있더니 지 파트너하고도 말 한마디 못 한 것이었구만...눈이 커서 슬픈 하마여!
"어제 나한테 그러더라. 여자애가 넘 맘에 들어 가슴만 띄다 보니까 가까이 가면 여자애에게 가슴 뛰는 소리를 들킬까봐 그 걱정만 하다 보니 말 한마디 못 했다고..."
헐헐헐~~순정파 재흥이 보다도 더 순수한 하마여!
"오늘은 잘 하겄지?"
"오늘은 잘 하겠지 뭐."
그렇게 하마의 파이팅을 기원하며 만원 버스를 기다리는 우리들. 사람이 많지 않으면 방댕이 만지는 것 걸리잖여.
그래서 꼭 만원버스만 탔었다. 흐흐~~
다음날,
학교를 가니 하마 옆에서 타조가 심히 걱정스런 얼굴로 앉아 있다. 초상집 분위기라고나 할까?
"하마야! 어제는 잘 된겨?"
나를 쳐다보는 슬픈 하마의 얼굴...
곧 굵은 눈물이 뚝뚝 떨어질 듯 한 슬픈 하마의 눈동자...
"야! 너는 분위기 파악도 못하냐?"
타조 놈이 내게 소리를 지른다.
왜 지가 난리야? 물어보지도 못하나? 에이 씨볼팅~~!!
어쨌든 분위기는 아니올시다...
이야기의 자초지종은 이러했다.
하미의 파트너가 하마가 말을 넘 안하니까 마음에 전혀 안 든다고 열 받아 집으로 가버렸다고 한다.
그래서 다음날 썰래바리 태종이가 여자 쪽 주선자에게 하마 파트너를 설득하여 다시 한 번만 더 만나게 해 달라고 해서 어제 다시 약속을 잡았다고 하는데...
중요한 것은 어제 그 지지배가 또다시 쌩깠다는 거지요...
하마는 종일 봄날 병에 걸린 병아리마냥 시무룩한 채 말 한

마디 하지 않고 먼 산만 바라 보길래 기운을 북 돋아 주기 위한 차원에서 하마가 자리에 없는 사이 점심시간에 내가 칠판에 하마의 비하인드 스토리를 적어 놓았다.
친구들 잼 난다고들 낄낄거리며 웃고...
글구 하마 들어 오며는 위로라도 해 주라는 말까지 남기고 화장실을 갖다 왔는데...
5교시 시작종도 울리지 않았는데 5교시 담당 선생님이 들어와 계시는 것이넹?
내가 적어 놓은 칠판의 내용을 유심히 자세히 읽고 계시네...
화장실 갔다 와서 지울라꼬 했는데 선생님이 먼저 들어와 버렸네...디졌구나!
이윽고 시작 종소리가 나고 하마도 교실로 입실하여 적나라하게 기록되어 있는 자기 이야기를 보고 눈이 튀어 나올 듯 놀란다.
“누가 쓴거야?”
나 조용히 손을 든다.
“이게 사실인 사건이야?”
“...네...”
“하마가 누구야?”
현석이도 조용히 손을 든다.
선생님 조용히 한마디 하신다.
“에이씨. 하마깡 같은 놈! 책 펴!”
그날 종료 후 나 하마에게 존나리 맞고 깨지고 빌고 친구로써 할 짓 모두 했다. 하마가 오늘따라 더 보고 잡다.
하마야! 오늘은 어느 강에서 목욕중인겨?

백구 이야기

지금은 이문동 외대 앞에서 빠리바게트를 하고 있는 정찬이네 집 백구 이야기!
고교 시절 학교 앞에서 77번 대흥교통 버스를 타면 한양대를 지나 버스 종점 전 역에서 내리면 정찬이네 집이었다.
빵떡 모자를 쓴 알알이 영근 안내양 누나들을 그냥 지나치지 않는 연성흠.
"누나. 오늘 빨간 바지가 너무 잘 어울린다."
"야! 오늘은 회수권 내고 가라 잉?"
"아이참 누나는? 내가 뭐 회수권 한 장 가지고 그런가? 나팔바지가 너무 잘 빠져서 그러지..."
"흠. 내가 한 몸매 하긴 하지..."
"그렇지! 누나의 몸매는 본드걸보다도 백배는 알싸하니까?"
"야! 오늘 내 바지 잘 빠지게 나오긴 나왔지? 이거 어제 청계천 나가서 늘린거야..."
"어쩐지 죽이더라. 누나 몸매 짱이야."
"얌마! 니들 안 내릴꺼야? 김양아 빨리 회수권 받고 저 것들 퍼버려라."
에이씨~~!!
우리가 뭔 짐짝이냐? 퍼버리게...
"누나. 안녕!"
"그래. 잘 가라."
그렇게 우리는 주댕이로 또 한 장의 회수권을 아끼고...
정찬이네를 가면 바로 아래 동생 정애라고 있었다.

우리보다 두 살 아래라서 댕기머리 중학생이라서 마이도 부려먹었었다. 집에서 가내 공장을 하셔서 늘 어머니는 직공들 뒷수발을 하시느라 우리들 심부름은 여동생 몫이었다.
“정애야! 라면 좀 끓여라.”
“정애야! 안주 좀....”
그건 아니잖아....
어쨌든 착한 동생은 친오빠뿐만 아니라 그 집단들의 횡포스런 심부름을 다 해 줬었는데....
해가 지나고 우리가 3학년으로 올라가자 여동생도 깔끔한 흰색 카라를 두른 여고생으로 탈바꿈하여 눈부시게 이뻐졌네?
근데, 이뻐진 것은 반가운 일인데?
“정애야! 오늘은 라면 곱빼기로 부탁한다!”
“오빠들! 이젠 나도 고딩이라고....입시 준비에 눈코 뜰 새가 엄는데 뭔 소리?”
흐헉!
저것이 대갈이 컸다고 우리와 맘먹네?
“우리는 짝대기 3개고 너는 이제 한 갠데 까부냐?”
“모르시네. 높을高! 나도 이제 높을 고로 올아 왔다고. 왜 이러셩...”
우와 저것이 고삘이가 됐다고 맛짱을 까는구만.
“가위 바위 보!”
할 수 엄이 배고픈 놈들이 모여 라면 당번을 정한다.
“오빠들! 끓이는 김에 내 것도 하나 추가해 줘라....”
고삘이가 되더니 여우짓꺼정 하네.
라면을 끓이려고 아래층으로 내려가는데 주방에서 귀엽게 생긴 발바리 한 마리가 꼬리를 흔들며 나를 쫓아 댕기네.
이제 엄마 젖이나 뗐을까?
아랫배에 태엽이 붙어 있어서 태엽을 감았다가 놔두면 자리에서 빙글빙글 돌며 개소리를 냈었던 장난감 강아지가 있었었다. 그 강아지와 꼭 닮아 참 이쁘게 생겼다.
머리를 쓰다듬자 혓바닥으로 손을 핥는 것이 앙증스럽다.
“오빠 귀엽지?”
“응. 너무 이쁘다.”
머리를 쓰다듬으면 뽀송뽀송한 털이 손끝으로 전해져 와 첫사랑 소녀와의 입맞춤처럼 너무 감미롭기만 하다.
“이름이 뭐냐?”
“백구!”
“백구...정애야! 잘 키워라.”
“그럼. 내가 얼마나 이뻐하는데.”
그렇게 나는 그날, 백구의 존재를 확인하고 뿌듯한 마음으로 다 라면을 맛나게 먹고 모여서 하자는 공부는 뒷전에 두고 한양여고 앞에서 얼쩡거린다.
“야! 니들 집에 안 갈꺼야? 저것들이 오늘 또 나타나가지고.”
교문 앞에서 기도를 보고 있는 샘이 우리보고 호통을 친다.
“지나가는 길이예요.”
“야 자식들아! 지나가려면 쌩~~하고 지나가야지 니들이 뭔 달팽이냐? 기어가게?”
“미래의 미스코리아들이 댕기는 학교 앞을 지나가려니 도통 다리가 안 떨어지네요.”
졸라 뻥도 잘 치네.

"너희들 줄 것 엄으니 빨리 사라지고 제발 내일부터는 오지마라 알았냐?"
"오늘 하나 주시면 내일부터는 안 올께요. 네?"
"니들 디질래? 빨리 안가?"
길 건너서 샘하고 말을 하니 건너오지도 못하시고 계속 우리와 말장난만 하신다.
"낼 오면 단체 미팅 하나 건져 주시는 거예요?"
샘 화가 마이 나시듯 교문 앞에 서 있는 호국단 여학생들에게 호령하신다."
"야! 저것들 얼씬도 못하게 소금 뿌려라!"
그 중에 한 여학생 샘의 말씀에 불을 지른다.
"맛소금밖에 엄는데 그건 넘 비싸요!"
"너부터 디질래?"
푸하하하~~메롱^^
우리는 그렇게 또 하루를 아무런 소득도 엄이 한양대 앞까지 걸어와 싱그러운 봄 햇살에 물오른 여대생들의 종아리만을 하염없이 쳐다보다가 막차를 타고 집으로 간다.

봄 학기도 라일락 향기 지듯이 시들어가는 우리의 청춘.
몇 달만에 정찬이네를 놀러갔다.
여전히 빵떡모자를 쓴 안내양 언니들의 버스를 타고 간다.
"누나! 김양 언니는 잘 있어요?"
"우리들 중에 김양이 하나 둘이니?"
"그럼 셋인가?"
"응...그러니까...다섯명이다."

참 순진하시네.
그걸 또 세서 우리에게 말씀까지 해 주시는 친절한 누님.
“그러니까 나팔바지를 즐겨 입고 몸매 쫙 빠진 김양 누님 말이예요.”
“나는 김씨는 아니지만 나도 한 몸매 하는데?”
닝그렁~~!!
“누님 다음으로다 몸매 죽이는 누님 말하는데?”
“그래? 그럼 난 모르겠는데?”
“누님이야 딱 봐도 몸매 출중한 것 딱 보이지잉~~”
“니들 회수권 없구나?”
우리 합창 들어간다.
“이런 몸매 출중한 누님의 차를 탄 것만으로도 영광이지요!”
“담부터는 회수권 꼭 갖고 다녀라...오라이!”
주둥이로 버스 타고 다니는 맛도 쏠쏠한 시절이었는데 지금은 카드 없으면 버스도 못 타요~~ㅠㅠ

“오빠들 오랜만이네?”
그 사이 숙녀티가 확 나는 정애의 환영을 받으며 집으로 들어간다.
멍멍멍!
잉?
왠 놈의 도꾸 새끼가 대문 입구에서 짖어대네?
그것도 팔뚝만한게 말이야....
“정애야! 먼 개냐?”
“오빠 알잖아?”

뭘?
“겨울에 데려와 기르던 새끼 강아지. 귀엽다고 했잖아?”
“백구? 저렇게 컸다고?”
“응!”
가까이 가니 옛날에 한번 보았다고 꼬리를 흔들며 반가운 척을 한다.
“짜식 마이 컸다....”
머리를 쓰다듬어 주고 배도 한 번 만져보니 살이 꽤 올랐네.
“이 자식 된장 바르면 5인분은 되겠네....”
복날도 다가오고 해서 별 생각없이 내 진심을 토로했는데?
어?
이 놈의 개새끼 갑자기 내 손을 벗어나 멍멍 거리며 으르렁 대기 시작하네?
“저 새끼 왜 저래?”
“오빠! 왜 그러긴? 저거 먹을게 뭐 있다고 그런 말을 해?”
정애의 그 말에 백구 놈 이번엔 정애에게도 으르렁 댄다.
“저 자식 똑똑하네. 사람 말을 다 알아 듯는 겨?”
“알긴 뭘 알아들어. 눈치가 이상하니까 그렇지. 올라가자.”
정찬이가 사태를 수습하자 백구 놈 조용히 한 쪽으로 찌그러든다.
“오빠! 다음부터는 그런 말 하지마. 짐승도 사람 말에 상처받는다고....”
상처?
교통사고 난 후 사후 치료로는 땡칠이가 최고인데~~쩝^^
그리고 몇일 후,

다시 정찬이네를 놀러 갔는데 백구가 안 보이네?
“정애야! 백구는?”
“오빠 때문이야....”
“?”
“오빠가 왔다간 후 그날부터 밥도 안 먹고 나도 피하길래 불쌍해서....”
“딴 집으로 보내 버린겨?”
“개장수에게 넘겨 버렸어....”
헉!
나보다 니가 더 악독한 것 알시?
불쌍한 백구!
맛도 몬 봤는데~~쩝^^

개긴상

햇살 따사한 가을의 어느 토요일 날.
2교시가 끝나갈 때쯤 교문을 들어선다.
“야! 지금오냐?”
“응! 지금 가냐?”
뭔 소리냐고?
나는 등교하는 소리고 재선이는 하교하는 소리지.
졸업반 2학기 중반쯤.
마라톤으로 치면 골인지점이 얼마 남지 않은 지점에서 가장 많이 지친다고 하더라. 그래서인지 학교 오는 것이 즐겁지가 않고 지루하게만 느껴져 왠만하면 집에서 버틸라고 하면 울 엄니가 몽둥이로 아들놈 잡을 라고 하니 갈 데가 엄어 할 수 엄이 학교를 오곤 했다.
(이건 뭐 누가 들으면 학교 교직원이 출근하기 싫어서 하는 소린 줄 알거다. 쩝!)
나는 주중이고 토요일이고 늘상 2교시가 끝날 때 쯤 등교를 하는데 재선이는 주중에는 점심 먹고 하교하고 토요일엔 2교시만 마치고 하교를 하곤 했었다.
‘쟤는 참 신기하게도 꼭 수업을 반 토막만 마치고 가네? 반 토막은 과외하나?’
뭔지 궁금했지만 우리는 서로 반 토막씩만 학교에 있으니 얼굴 볼 시간이 얼마 안 되어 서로들 지 잘난 맛에 살았었다.
근데, 나도 참 착하게 제 시간에 등교도 하고 학교 끝나면 바로 도서관으로 가서 밤늦게까지 남아 공부도 빡세게 열심히 했었던 모범생이었었다.
2학기 담임 샘이 새로 부임해 오시기 전 까지는 말이다.
학기 초에는 정창현 샘이시라고 수학을 담당하셨던 분이 담임을 하셨었는데 우리가 얼마나 공부를 안 했으면 '이런 학교가 질린다' 고 하며 여의도 여고로 도망가신 분이 계셨었다.
자기는 천마산 밑에 위치한 심석종합고등학교를 나왔는데 개교 이래 서울대를 처음으로 들어간 사람이라고 자부심과 긍지가 대단했었던 샘이셨다. 그만큼 또 교사의 임무와 신분을 철저히 지키셨고 공부에 대한 열정이 혜은이의 노래 [열정]보다도 천배는 더 뜨거우셨었다.
그때까지만 해도 영철이의 오만가지 유혹에 굴하지 않고 악동같은 그 놈을 피해 화장실에 숨어서 까지 정창현 샘의 정신을 이어 받아 열공을 했었는데...
학교가 싫다고 떠나버리시는 그 샘의 충격에 빠져 나도 그 충격으로 한동안 패닉상태로 있다가 떨어지는 가을 낙엽 같은 방황 끝에 드디어는 영철이의 마수에 걸려 글마와 동색이 되고 말았다는 아픈 과거를 안고 살고 있다.
가을 남자의 슬픔이여...

졸업을 앞두고 담임 샘이 우리들을 일일이 호명하며 개근상 여부를 묻는다.
2학기가 되자 학교를 등교하는 학생들과 등교하지 않고 취업 나간 학생들이 구분이 안되니 그런 조치를 취하신 듯하다.
앞 번호부터 호명하니 한참 후에나 뒷 번호들 차례가 온다.
"너는 개근이라고 생각하나?"

김재선 차례다.
"네. 물론입니다."
잉?
뭔 소리데?
저 인간이 개근이라고?
"야! 너는 오후만 되면 교실에 엄던데? 뭔 넘의 개근이야?"
"선생님! 저 아침마다 젤 일찍 와서 자습하는 것 아시지 않습니까?"
"...그건 그렇지만, 너는 대신 일찍 가잖아?"
"매일 일찍 와서 공부 열심히 하면 그것이 개근 아닙니까?"
"저게. 말 같은 소리를 하세요. 학교를 왔으면 학교 끝날 때까지 마치고 가야 그게 개근이지...너처럼 중간이 가면 그게 개근이냐?"
"매일 나왔으니까 개근 아닌가요?"
끝까지 따지다간 담임 샘의 더러운 성질에 디지게 맞으니까 고마하세요...
"시끄럽고. 다음!"
주저리 주저리 흘러 흘러 내 차례가 된다.
"최재흥!"
으잉?
이건 또 뭔 시츄에이션?
나를 건너 뛰어 버리고 바로 내 뒷 번호 짝궁 재흥이의 번호를 호명하시네?
재흥이 특유의 황소 눈망울로다 의아한 표정으로 나를 한번 쳐다보더니 일어난다.

"네!"
"너는 개근이지?"
"네!"
맨날 학교 와서 신문보고 뒷자리에서 잠만 자도 개근상 주는 학교! 좋은 학교여~~!!
"다음..."
"선생님?"
나, 손을 들고 일어난다.
"저는 왜 안 부르세요?"
"성용갑?"
"넹~~!!"
"넌 시끼야! 대답하는 것이 뭐야? 내가 니 친구냐?"
당신 같은 인간하고는 지구에 당신 혼자 남아 있어도 친구 안 먹는다!
"너 뭐?"
헉!
뭐라니?
당근 나도 개근이냐고 물어봐 주셔야 되는 것 아닌감?
"저한테는 개근인지 아닌지 안 물어 보시고 지나가셔서..."
샘, 출석부를 한참 내려 보시더니 참으로 어이가 없다는 표정으로 나를 흘겨보시더니 아주 비아냥 투로 한마디 하신다.
"너도 니 자신이 개근이라고 한번이라도 생각해 본적 있느냐고 물어봐 달라고?"
"...네."
"임마! 너는 하늘이 안 무섭냐? 그런 말하기에는 내 입이 너무 싸게 느껴진다.”
후아~~!!
그래도 자기 반 학생이라고 인정해 주셔야 되는 것 아닌감? 아무리 지각이 많았다지만 차례가 되었으면 물어 봐 주시는 것이 도리인 것을 쌩까는 샘의 태도는 스승의 도리가 아니지. 또한, 선생으로써의 의무가 있는 법일진대 학생을 학생답게 대하지 않는 것은 직무 유기잖여?
“너. 학교 제 시간에 온 날이 몇 일이나 되는데?”
“...?”
“나 너 조회 시간에 본지 아주 오랜 전 이야기다? 알고 있지? 말해봐라?”
“...그래도 제대로 온 날이 더 많아요.”
“자랑이다. 난 임마 너 조회 시간에 한 번도 본적이 엄다.”
“그거야 선생님께서 1학기 말에 오셔서 그렇지요. 저 1학기에는 꼬박꼬박 조회 시간에 있었습니다.”
“그건 내가 너희들 담임하기 전 이야기고 내가 조회 시작한 이후로 넌 한 번도 없었다.”
“저는 조회 시간에 선생님 자주 봤습니다?”
“너나 가끔 뛰엄 뛰엄 보았겠지. 나는 너 한 번도 못 봤다.”
“그건 취업 나간 친구들도 마찬가지 아닌가요?”
“그래서. 너도 취업 나가서 매일 2교시나 끝나고 학교 왔냐?”
“그게 아니라...”
“취업 나간 놈이 학교는 왜 오는데? 그리고 취업 나갔으면 그 시간에 출근해 있어야지 왜 또 학교는 오는데? 자식이 앞뒤가 맞는 소리를 해야지!”

"그래도 개근은..."
"가끔도 아니고 매일 해가 중천에 떠올라야 학교에 오는 놈이~~너는 시끼야 학교에 도시락 까먹으로 오냐?"
"울 엄마가 도시락 안 싸줘요."
"왜 안 싸주는데?"
"도시락 먹으러 학교 가냐고 하시면서요..."
"허 참내!"
지나가다 교회당 꼭대기에 달려있는 종이 떨어져 맞은 표정으로 나를 째려본다.
"왜요?"
"왜요? 너 임마. 왜요 라는 말이 나와?"
"왜요가 왜요?"
"이 자식이 정말!"
참 이상한 샘이시네?
하도 황당한 표정을 지으셔서 너무 궁금해서 물어보았을 뿐인데?
뭘 그걸 가지고~~따지시나?
"넌 임마 내가 친구처럼 보이냐?"
에이씨~~
아까도 말했지만 지구에 딸랑 당신 혼자 남아있어도 친구 안 먹는다고...
"..."
"저 자식 때문이라도 빨랑 졸업을 해 버린던가 해야지 원!"
나도 바라는 바예요. 샘이 먼저 졸업하심 나는 더 좋아요!
"넌 임마. 나 때문에 무사히 졸업하는 것을 다행으로나 생각하고 내게 감사한 줄이나 알아라."

"뭐가요?"

"야. 이 돌대가리야! 내가 한 말이 뭔 소린지 몰라?"

"예!"

"알았다. 내가 잘몬했다. 너는 개근상이고 나발이고 내가 너에게 상하나 줄란다. 개긴상!"

흐헉!

개긴상?

씨블팅 샘~~!!

국어 담당 아니랄까봐 말로 나의 숭고한 가슴에 비수를 꽂아버리더라...

제 3 장

벗님들의 이야기

마음

이 미 자(작가)

사람의 마음이란
겪어봐야 알듯이
함부로 속단하지 말자.

모름지기 사람
마음이란
한 길 우물속 같아서
앉아 있을때 다르고
서 있을때 다르듯
쉽게 평가하지 말지어다.

내면의 그릇 됨이
곧 상대방의 인격 인것을...
만남이란 축복이 오면
아끼고 사랑하며
서로를 나누는 그런 마음

그런 사랑이
그런 마음이
질라래비 세상살이지.

초등학교도 못나온 대통령

강상섭(前. 군포시장)

미국의 17대 대통령인 앤드류존슨은 긍정의 힘을 발휘했던 대표적인 사람이다. 그는 세살에 아버지를 여의고 몹시 가난하여 학교 문턱에도 가보지 못했다.

하지만 그는 열살에 양복점을 들어가 성실하게 일했고 돈을 벌고 결혼 한 후에야 읽고 쓰는 법을 배우게 되었다.

이후에 존슨은 정치에 뛰어들어 주지사, 상 원의원이된 후에 16대 미 대통령인 링컨을 보좌하는 부통령이 된다.

그리고 링컨대통령이 암살된 후 미국17대 대통령 후보에 출마하지만 상대편으로부터 맹렬한 비판을 당한다.

"한나라를 이끌어 가는 대통령이 아니 세계를 지배할 대통령이 초등학교도 나오지 못하다니 말이 됩니까?"

그러자 존슨은 언제나 침착하게 대답한다.

그리고 이 한마디에 상황을 역전시켜 버린다.

"여러분, 저는 지금까지 예수그리스도가 초등학교를 다녔다는 말을 들어 본 적이 없습니다."

"예수님은 초등학교도 못 나오셨지만 전 세계를 구원의 길로 지금도 이끌고 게십니다."

"이 나라를 이끄는 힘은 학력이 아니라 긍정적 의지요 미국 국민의 적극적 지지입니다."

그가 바로 알라스카를 러시아에서 사들인 엔드류 존슨 대통령이다.

행복은 세상을 바라보는 긍정적인 틀이다.

긍정적인 생각 없이 우리는 어느 한 순간도 행복해질 수 없다. 사람들은 언제나 행복을 원한다
"지혜 있는 자는 듣고 학식이 더할 것이요 명철한 자는 지략을 얻을 것이라"(잠언 1장 5절)
"저는 어제 밤 일기장에 누가 나에게 묻기를 왜 사느냐고 묻는다면 뭐라고 대답할가를 생각하며 답을 찾아보았으나 정답이 나오지 않더군요.
겨우 얻은 답이 그냥 살고 있다.
죽지 못하여 살아가고 있다.
밥 버러지 처럼 살고 있다는 10점도 되지 못하는 답을 찾아내고서 이렇게 살아야 하는가 하고서 많은 고뇌와 갈등을 느끼면서다른 사람이라면 어떠한 답이 나올가 하는 번민에 빠졌습니다.

인생에서 가장 중요한 장소는 여기(here)이고,
인생의 최고의 순간은 지금(now)이다,
미래(Future)는 "나도 할 수 있다"는,
신념으로 도전하는 자의 몫이다

아주 오래된 옛날...

김재선(前. 금강제화 본부장)

두루마리 몇겹 겹쳐진 43년전 세월 속으로
타임머신을 타고 여행을 떠나다 마주 친 한 곡점.

열아홉 무렵이 책갈피에 끼어있는
흑백 사진처럼 파노라마 펼쳐진다.

세상 밖으로 나와 겪은 문화적 충격이 화장지,

돈암동 산동네 변소에서 신문지 구겨서 쓰다
(아버지는 유명한 한의원 일력 찢어 쓰시고)
서울역 뒤 서계동 현대칼라 수세식 화장실에
놓인 화장지의 부드러움 이게 뭐지 싶고 편안했다.

돈암동 산 13번지 산꼭대기 중턱에
자리 잡은 집에서 한참을 내려와
선린상고 등굣길 95번 한남여객 버스 안에서
차창에 낀 입김 연신 닦아 낼 때도(예쁜 여학생이)
손 아닌 화장지를 쓰는 거 처음 알았네...

열아홉 무렵이 인생의 시월 유신이었다.

아침의 거리

고 영 길

어둠이 걷히고 빛이 찾아 드는 시간
누구에게나 아침은 새로운 시작을 느끼게 한다.
거리의 쇼윈도 막이 오르고 사람들은 이리저리 바쁘게 아침을 맞이한다.
바쁘게 움직이는 그들의 종착지는 다르지만 같은 꿈을 안고 아침을 서두른다.
내가 걷고 있는 아침의 거리는 어떤 마음으로 바쁜 건가...
어둠에서 빛이 찾아오듯 내게도 어떤 그리움이 희망으로 채워질 수는 없는지 오늘 아침의 거리가 아니라면 내일 아침의 거리는 어떤 마음으로 시작할 수 있을까 그리움이 가득해서 이리 바쁘게 느껴지는 걸까...
다른 사람들의 바쁜 걸음을 쫓아가고 있는 걸까...
오늘 내가 걷는 바쁜 아침의 거리는 그리움을 잊고 희망을 기대하고 누군가에게 사랑이 느껴지기를 바라는 마음으로 난 또 아침의 거리를 바쁘게 걷는다.

오늘이 지나면 내일 다른 희망 다른 꿈을 꾸며 아침의 거리를 걷게 될 것이다.

친구

금 채(가수)

너를 만날 수 있어서 좋다.
너에 미소에는 평안함이 있지
너에 말 속에는 안정감이 있지
누구에게나 나를 자랑스럽게 칭찬해주는 너
누구에게나 자랑스럽게 말해주는 너

바쁜 일상속에서도
늘
톡 인사를 나누는
우리의 우정
말로다 표현하지 못하는
너에 자랑스러움을
이렇케 나마 글로 남겨본다.

항상 그 온을 유지하며
안부 전하며 살자꾸나.
너라는 친구를 만날 수 있어서 정말 좋다.

우유 한잔에 담긴 에피소드

정 진 옥(아시아 당구장 대표)

1990년대 초, 어느 화사한 꽃 몽우리 피어나기 시작하는 어느 봄날에 내가 다니던 은행 지점에 VIP 대접받으시는 기업체 사장님께서 내점하셨다.
당연 지점장님도 나오시고 해서 2층 접견실로 모셨다.
그 VIP 사장님은 상당한 애주가이셨다.
그 생각에 장난기가 동한 나는 그 사장님께 조용히 여쭈었다.
"우유 한잔 어떠세요?"
아무 생각 없이 "좋지요"라고 답하시는 사장님께 목례를 한 나는 탕비실에 들어가 콜라 컵에 뽀얀 빛을 띄운 우유 한잔을 따르고, 지점장님은 시원한 쥬스를 따라 두 분께 각각 드리고 나도 자리에 앉아 대화를 시작하려 하는 그때,
말없이 우유 잔을 바라보시던 사장님께서 우유 잔을 들어 한 모금을 하시더니 므흣한 미소를 지으시며 나에게 '엄지척' 신호를 보내신다.
물론 지점장님은 우유 한잔에 즐거워하시는 이유를 모르신 체, 사장님과의 대화에 집중하셨다.

그날 사장님은 흔쾌히 은행에서 원했던 바를 들어주셨고..
이후 그 VIP 사장님은 은행에 들르시면 항상 우유를 주문하셨고, 가끔은 리필도 하셨다.
그 우유는 바로 막걸리였다.

첫사랑 소녀

김 예 년

48년전 봄 서울 영일초등학교 5학년으로 올라가면서 새로운 반 배정을 받고 낯선 교실에 들어선 후 우리는 선생님의 지시로 복도로 나가서 키 순서대로 줄을 선후에 두 명씩 짝을 맞추어서 자리 배정을 받았습니다.
맨 앞에는 여학생 두 명이 그 뒤에는 남학생 두 명이 번갈아 앉는 방식이었는데 키가 큰 저는 맨 뒷자리를 앉게 되었습니다. 자리에 앉으니 앞에 앉은 여학생 한 명이 뒤를 돌아보며 저를 보고 웃으며 "안녕"하면서 인사를 했습니다.
낯선 여학생의 갑작스런 인사에 수줍음 많은 저는 얼굴이 붉어지며 손만 살짝 들어 보였습니다.
잠시 후 선생님의 출석호명을 듣고 그 여학생의 이름이 임진선이라는 것을 알게 되었습니다.

진선이는 아침마다 교실에 들어서면 항상 손을 들고 밝게 웃으며 친구들에게 "안녕"하면서 들어왔습니다.
그런데 어느 날부터 이상하게 다른 여학생들은 하나도 안보이고 진선이만 보이고 저는 자꾸만 진선에게 만 눈길이 갔습니다. 항상 양 갈래로 머리를 따고 다녔고 하얀 얼굴에 검은 눈동자 그리고 예쁜 안경을 썼으며 주로 하늘하늘한 원피스 치마에 흰 양말과 까만 구두를 신고 다니는 진선이는 정말 예뻤습니다.

천사 같았습니다~~^^

진선이가 지나가면 진선이 뒤로 벚꽃 잎이 날렸고 아카시아 꽃향기도 났던 것 같습니다.
점심시간에 반대쪽에서 친구들과 까르르 웃으며 놀다가 가끔 나를 살짝 쳐다볼 때가 있었는데 진선이와 눈이 마주치면 제 가슴은 이상하게 콩닥콩닥 거렸고 얼굴은 후끈 달아올랐습니다.

12년 동안 살면서 한 번도 경험해 보지 못한 야릇한 감성이었습니다.
하교 후 집에 가면 뭔가 서운했고 아침에 눈을 뜨면 빨리 학교에 가고 싶어졌습니다.
학기 초 환경미화 때가 되어 수업 끝나고 몇 명 친구들이 학교에 남아 교실뒤쪽을 그림과 시 등을 붙이고 교실꾸미기를 했었는데 부반장인 진선이와 미화부장인 저는 같이 남아 환경미화를 했습니다.
제가 그림을 조금 잘 그려서 진선이는 저에게 칭찬을 자주해 주었습니다.
그럴 때는 하늘을 나는 기분이었습니다.
하교 때 집으로 친구들과 같이 가다가 진선이는 중간에 오른쪽 시장 길로 돌아서 갔는데 조금 가다가는 진선이는 뒤돌아서서 나를 보고는 손을 잠깐 흔들어 주었습니다.
나도 잠깐 손을 흔들어주고는 집으로 돌아갈 때는 아쉬움이 무척 많이 남았습니다.

늦은 가을 어느 날 진선이는 학교에 오지 않았습니다.
선생님은 진선이가 하교하다 공사장 근처에서 발을 헛디뎌 다리를 다쳐 당분간 학교에 못 온다고 했습니다.
진선이가 다쳤다는 소식을 듣고 내 가슴은 찢어지는 것 같았습니다.
내가 대신 다쳐야하는데 진선이가 다쳐서 많이 화가 나서 공사장을 찾아가 담벼락을 발로차기도 했습니다.
남자 친구들 중에 진선이집을 아는 친구가 있어서 그 친구에게 같이 병문안을 가자고 꼬드겼습니다.
그런데 병문안을 가려면 꽃이나 음료수를 사가야 하는데 제 수중에는 돈이 별로 없었습니다.
구멍가게에 들어가서 아무리 찾아봐도 내가 살 수 있는 것은 식빵 한 봉지밖에 없었습니다.
식빵 한 봉지 사들고 진선이네 집에 갔는데 진선이 엄마는 반갑게 맞아주시며 들어가서 진선이를 만나라고 하셨습니다.
방문을 열고 진선이는 밝게 웃으며 들어오라고 했지만 진선이를 보자 갑자기 얼굴이 붉어져서 도저히 들어갈 수가 없었습니다.
"빨리 나아라~"
한마디만 하고 식빵을 던져 주다시피하고 도망치듯이 집을 나왔습니다.
병문안 가는데 식빵이라니 지금 생각해도 얼굴이 붉어집니다.

겨울방학 끝나고 6학년이 되어서 앞쪽 반은 남학생반 뒤쪽 반은 여학생 반으로 나누어지게 되어 진선이와 헤어지게 되었습니다.
진선이는 어느 반으로 갔나 궁금해서 쉬는 시간마다 며칠 동안 여학생들 뒷 반을 다 돌아다녔는데 진선이는 어디에도 안 보였습니다.

그 당시 우리 동네에서는 좋은 중학교에 배정받으려고 영등포쪽으로 전학들을 많이들 갔는데 진선이도 아마 다른 학교로 전학을 간 것 같았습니다. 진선이가 살던 집에도 가봤는데 진선이의 흔적은 전혀 찾을 수가 없었습니다.
가슴이 뻥뚫린 것 같았습니다.

일 년 내내 친구 하자는 말도 못 붙이고 둘이서 다정하게 말한 적도 없이 짝사랑으로 끝나버린 열두 살 나의 첫나랑 진선이는 지금은 어디서 어떻게 살고 있는지 정말 많이 궁금합니다^^

이 나이 먹으면

노 희 학(과학자)

고맙소!
미안하오!
감사하오!
사랑하오!
말로만, 글로만 접하는 일상에서 가장 많이 사용하는 단어들인데 때로는 외면하고 잊어버리고 살아가는 것이 우리들이다. 내가 쓰면 곱기만 한데 남이 쓰면 가식처럼 느껴지는 것이 또 우리입니다.
人生!
마음 열어놓고 색안경 벗고 세상을 바라보고 살아야 하는데 그것이 참 어렵다.
조항조의 "고맙소"노래를 들으면 그렇게 살아야 하는데...하면서도 어느새는 '그것이 무엇이었지?' 하는 무지함을 안고 살아가는 현실이 몽매할 뿐이다.
벌써 내년이면 육십갑자 한 바퀴를 돌아 태어났던 해가 다시 돌아올 그 시간도 이제 얼마 남지 않았다.
歲月!
바람처럼!
구름처럼!
흘러가는 것이 人生이드라~~!!
함께 할 시간이 이제 짧게는 몇 년...

길게는 일이십 년...
미련두지 말고 후회랑 남기지 말고 어느 날 술 한 잔 치면서 웃다가 세상 버리는 인생이었으면 참 좋겠는데 세월은 우리를 그렇게 두지 않을까 싶어 두렵다...
이 나이 먹도록 내가 아니면 세상 굴러가지 않을 것이란 편견으로 남이 애써 만들어 놓은 것 무임승차 하듯 하여 정작 자신이 모든 것을 만들어 놓은 듯 주인 행세를 하는 사람들이 있다. 그리고 그 안주에 들어 그만큼만 지키려고 아등바등거리는 작태는 참으로 보기 민망하고 안쓰럽기 그지없다.
그런 저런 모든 것 용서하고 이해하고 지나갈 나이지만 가끔은 그런 사람이 정말로 불쌍할 때도 있고 가슴이 아플 때도 있지만 그냥 '저 나이 먹도록' 무엇을 하고 살았나 하는 애증만을 보낼 뿐 그런 사람과 같이 할 수는 없지 않은가...
결과도 중요하겠지만 과정을 생략한 결과물은 바닷가 모래성과도 같은 것이라 언제 붕괴될지도 모를 모래성을 지키려하는 무지함을 버리고 살아야 하지 않을까?
이런 글을 쓰고 있는 나 스스로 역시 아직도 이런 사람이 주변에 있다는 것은 내가 아직도 인생을 잘 못 살고 있다는 것이 아닐까...이 나이 먹도록 따지고 파고들고 하는 똑똑한 사람이 많으면 사는 것이 피곤하다.
어울려 더울려 살다가 지치면 그 옛날 나의 친구가 심어 놓은 느티나무 아래에 가서 친구들을 불러 읍내 다방 홍마담 불러 쌍화차 몇 잔 가져오라 하여 쉬어가면 되지 않을까!
내년에는 우리 앞에 무엇이 나타나 우리들에게 즐거움을 줄까...벌써 궁금해진다...

나도 배를 가진 친구가 있으면 좋겠다

한 대 철(한국아파트관리협회 회장)

누구에게나 여행이란 항상 설레임으로부터 시작된다.화성에 있는 조그만 항구에서 낚시배를 운영하는 친구네 부부와 우리 부부 넷이 뱃길 여행을 하기로 한 날이라 아침부터 분주하게 시작하였다.

"여보! 침낭이랑 세면도구는 잘 챙겼지? 넣어둔 가방은 어떤 거야?"

"당신 짐이나 잘 챙기세요. 낚시대도 잘 챙기시고… 참, 저녁에 영화도 본다며? 노트북이랑, 프로잭터 부속들도 잘 챙기세요!"

"지난번에 보니까 그 친구 두릅 짱아지 좋아하는 것 같드만 그것도 좀 챙겨가지?"

"아~~ 맞다. 그 집 마누라는 우리 집 김치 맛있다고 꼭 싸오라고 했는데…"

드디어 배가 출항하고, 우리는 일단 낚시가 잘 되는 포인트에서 우럭이나 몇 마리 잡아서 매운탕에 점심으로 먹기로 했다. 친구는 확실한 낚시 포인트라고 장담을 했지만 입질하는 놈이 별로 없어 손맛을 제대로 보진 못했지만 놀래미 서너 마리와 잡고기 몇 마리로 끓인 매운탕으로 멋진 선상 점심을 먹을 수 있었다. 탁트인 망망대해를 바라보며 남쪽으로배를 몰아 항해를 계속하다 안흥항과 격렬비열도 사이에 있는 궁시도라는 섬 근처에서 다시 낚시줄을 내려 보기로 하고 배를 멈춰 낚시줄을 내리자마자 우럭의 입질을 있어, 제법 큰 우럭을 낚아 올렸다. 친구는 낚시배 선장의 자존감을 드리우며 나보다 더 큰 우럭을 낚아 올렸다. 잠깐의 시간이 지나고, "여보! 여보~~ 내 낚시줄이 바닥에 걸렸다 봐. 이것 좀 봐줘!" 라는 외침에 반사적으로 와이프의 낚시대를 건네받아 힘껏 당겼다. "어~~어 뭔가 끌려오는데…" 정말 정말 오랜만에 맛보는 손맛이다. "요놈이 제법 힘을 쓰네…ㅋㅋ" 릴을 당겨 감았다, 쉬었다를 반복하며 올라온 놈은 3키로 정도 되는 제법 큰 광어였다.

"아~~~ 오랜만이다. 이 손맛~~~ 짜릿했다"

친구의 말에 의하면 몇 년 전부터 바다에 접한 지자체에서 광어, 우럭 치어를 매년 방류하고 있어서 해안에서 멀리 떨어진 먼 바다에 나오면 가끔은 이렇게 큰 물고기가 잡힌다고 했다. 언젠가 봤던 뉴스 중에 2~3년 전부터 우리나라 사람들 취미 활동 종목중에 등산하는 인구보다 낚시를 하는 인구가 더 많아졌다는 소식을 접하면서 "허긴 낚시가 보면 물고기보다 낚시배가 더 많을 것 같드라" 라는 자조 섞인 말을 했었는데…지자체에서 치어를 계속해서 방류하고 있으닌까 어느 정도는 낚시줄에 걸려 올라오는 물고기가 있어, 강태공의 애타는 마음을 달래 주듯 가끔씩 느끼는 손맛을 보러 오는 사람이 있겠지.

이젠 술안주 감은 충분할 것 같고, 술안주를 만들어야 할 때가 왔다. 광어는 회를 뜨고, 우럭은 찜으로 서더리는 탕을 끓이면 제대로 된 술 안주상이 차려지는 것 아니겠어.

"자~~ 시작하자!"라는 외침이 끝나기도 전에

"안돼~~~"라는 선장친구의 외침을 들었다.

"아니~~ 왜?"

"지금은 선상에서 술 마시는 행위가 금지되어 있어. 그래서 항구에 접안을 하고, 배에서 내린 후 술을 마셔야 된다."

"아~~뭐야! 그럼 육지에 가서만 술을 마실 수 있다고? 헐~~ 이 땡기는 술 고픔을 참아야 한다고?"

이 때 갑자기 찬바람이 휘~~익 불어오고 온 몸에 찬 기운이 느껴지는 순간 마누라의 살기 돋친 목소리가 들려온다.

"아니! 아무리 일요일이지만 낮잠을 너무 주무시는 것 아닌가요? 이제 좀 일어나서 정신도 차릴 겸 시장에나 같이 갔다 옵시다."

"아~~니, 이게 꿈이야? 광어회에 우럭찜에 술이나 한잔 넘길 때까지 좀 참지. 그 순간에 잠을 깨우냐? 아~~아깝다."

나도 배를 가진 친구가 있으면 정말 좋겠다!

꿈에서 라도 말이다^^

무소유란

김 영(작곡가)

무소유란
"아무것도 갖지 않는다"는 것이 아니고
"불필요한 것을 갖지 않는다"는 것이다!

파랑새

이 호 진

선린상고라는 울타리 안에서 3년을 같이 보내고 각자의 꿈과 행복을 찾아 주로 금융계와 대기업으로 취직하여 교정을 떠난 후 불혹의 나이를 넘고 지천명의 나이를 넘어 이제는 이순이 넘는 적지 않은 인생을 살아 왔다.
회계법인 대표인 이건창 공인회계사나 정대진 세무사 또는 오승준 법무사처럼 전문직종에 종사 하거나 크던 작던 자기사업을 하는 사람이 아니라면 대부분 다니던 직장에서 은퇴하였을 것이고 가정사로 보면 어떤 친구들은 부럽게도 며느리를 보거나 사위를 보기도 했을 것이다. 40년 넘는 긴 세월은 3학년 때 같은 반이었던 친구도 오랫동안 만나지 못했다면 알아보기 힘든 얼굴로 변하게 했고 나 역시도 그렇다.
헛되고 험하고 악하고 욕심으로 가득 찬 세상에서 각자 교문을 나서며 꿈꾸던 파랑새를 찾았는지 모르겠다. 존경 받는 어느 목사님께서는 지구가 둥글기 때문에 땅 끝이라는 것도 알고 보면 내가 살고 있는 곳이라고 했는데 파랑새도 결국에는 내가 살고 있는 주변에 있다는 평범하지만 귀중한 진리를 머리로는 이미 알고 있었겠지만 몸으로도 느낄 나이다. 내가 가진 것에 감사하고 더 나아가서 내가 가진 것을 나누고 내 주변에 있는 사람들(특히 가족들)과 사랑을 주고, 받으며 사는 것이 행복임을 자각해야 된다. 또한, 김형석 교수님은 그분의 저서에서 60세~75세의 나이대가 아직은 건강하고 또 가족부양이라는 의무에서 비교적 자유롭기 때문에 오롯이 자기에게 그리고 자기가 하고 싶은 일에 집중 할 수 있는 인생의 황금

기라고 하셨는데 십분 동감한다. 한 예를 들면 나에게 정확하게 20년 되는 선배님이 계시는데 80세가 넘은 나이임에도 불구하고 올 해 히말라야 등반을 계획하고 계신다.
그 선배는 언제나 건강하고 활기가 넘치게 보이는데 정말 대단한 분이라고 생각한다. 나는 작년부터 탁구를 배우고 있고 아직은 미약하지만 외국인 노동자를 돕는 일도 시작했는데 이 모두가 내 삶에 활력을 주고 있다고 생각한다. 행복하고 건강한 인생 2막을 위해 망설이지 말고 뭐든 시작해야 된다.

그리고 현대인들은 생각보다 외로움을 많이 느끼며 산다고 한다. 이것은 나이가 들수록 더욱 그렇다고 하는데 나는 친구를 志朋이라고 생각한다. 건축물의 중요한 부분인 지붕이라는 단어가 한자가 없는 것으로 보아 순 우리말 같은데 아무튼 그 지붕과 발음이 같다. 그래서 나는 친구는 서로에게 비와 태양의 열기를 피하게 하는 志朋같은 존재라고 생각한다. 또한 우리는 지붕 아래에서 이야기꽃을 피우며 즐거워 하기도 하고 외로움 달래기도 한다. 선린 상고 73회 동기 여러분 우리 서로에게 志朋이 되어 남은 시간 함께 갑시다.(Let's go together)끝으로 우리 동네 탁구 동호회까지 와서 한수 가르켜 준 영철, 동규 정말 고마웠다.
또한, 엄청난 열정과 헌신으로 73회 동기회 회장직을 수행하고 있는 영주에게 또한 감사의 마음을 전한다.
시인으로 작가로 아직도 왕성하게 활동하는 이 책의 저자 용갑아 늘 건강하고 그 순수한 마음 잘 간직하기 바라고 3학년 때 내 짝꿍이었던 오성아! 오랜 세월 동안 너를 계속 찾았지만 아무도 너의 행방을 모른다고 한다. 꼭 보고 싶다.

소녀의 눈물

이병노(소설가)

르완다!

아프리카 중앙에 위치해 있는 국가로 오랜 내전으로 모든 기반시설이 파괴되어 전 세계에서도 최빈국중의 하나인 나라다. 얼마 전 탤런트 이보희가 KOICA를 통해 그 나라에 가서 봉사활동을 하고 온 다큐멘터리를 EBS에서 방영한 것을 보았다. 동족간의 전쟁으로 양부모를 모두 잃고 동생 세 명을 데리고 가장이 된 16살의 소녀는 매일 굶주리는 동생들을 위해 동네의 온갖 허드렛일을 하고 그날그날 동생들의 굶주린 배를 채우기에 급급한 삶을 살아가고 있다.

6일 동안 한 끼도 못 먹은 적이 있었다는 그 소녀의 이야기에 이보희의 하염없이 눈물을 흘리는 장면은 누구라도 눈물을 안 흘릴 수 없게 만든다.

누나가 오기만을 기다리며 햇빛 드는 공터에서 오늘도 배가 고파 먼 산만 바라보며 하루를 보내는 아이들은 거적대기라고 표현할 옷을 걸치고 있는 동생들의 얼굴!

핏기하나 엄는 얼굴들이 어둡기만 하다...

"엄마, 아빠만 살아있으면 우리 이렇게 매일 굶지 않았을 거예요..."

하늘에 대고 푸념하듯 하는 아이들의 목소리를 듣고 있는 이보희의 얼굴에 또 하염엄이 눈물이 흘러내린다.

당장이라도 마을 어귀에서 먹을 것을 들고 뛰어 올 누나를 기다리는 눈빛이 너무나 애처롭게 느껴진다.

집이라고도 할 수 없는 쓰러져가는 움막에 가재도구라고는 죽이나 끓여먹을 때 쓰는 냄비 하나에 나무대기 두어 개로 받혀 만든 침대에 저녁이면 기온이 내려가 4남매의 쌀쌀한 밤을 견딜 수 있게 해주는 이불 한 장이 딸랑...
그렇게 동생 셋을 껴안아야 소녀까지 네명이 겨우 누울 공간.

오늘밤도 세 동생과 한 끼도 먹지 못하고 찢어진 이불을 덥고 잠이든 동생들을 애처롭게 바라보다가 이불 한쪽 귀퉁이로 몸을 덥고 눈을 감는 소녀의 눈에서 흘러내리는 눈물은 이제는 돌아올 수 없는 엄마, 아빠를 부르는 소녀의 몸부림이 아닐까...

명함 한 장

배 한 일(공인 중개사)

오래된 사소한 물건 하나가 많은 의미를 갖게 만들기도 하고 스스로 부여하기도 한다.
사회생활 막 시작할 당시 첫 직장 동양맥주에서 만든 명함 한 장이 지금 내겐 딱 그렇다.
많은 사람들에게 건네졌을 수많은 명함 중 한 장이 몇 년 전에 내게 되돌아 왔다.
절친과 전화통화를 하다가 오래된 내 명함 한 장을 보관하고 있노라고 주인인 내게 돌려준다고....
얼마 지 않아 쐬주 한 잔 걸친 날 건네받았다.
빛바래고 꾸깃한 명함 한 장....
빙그레 웃으며 명함첩 한 곳에 넣어두고는 몇 년을 까마득히 잊고 있다가 어제 저녁 책장 정리하면서 예닐곱 권 명함첩을 버리기로 작정, 그냥 버리기 뭣해서 한장 한장 빼서 재활용장에 내 놓기로 하고 작업에 돌입, 엄청난 양이라 시간이 꽤 걸린다.
보다 못한 아내가 도와준다고 몇 십 분간 단순작업을 반복하던 중 마지막 무렵 얼핏 눈에 확 띄는 한 장...
'그건 뭐지?' 라고 물으니 당신 명함 이란다.

몇 년 전에 절친에게서 건네받은 바로 그 명함....그 순간 기적이 일어났다. 무심결에 내가 그에게 눈길을 주지 않았다면 영영 사라져 버릴 찰라 지간에 그놈은 또 내게 몸부림 쳤나 보다. 바로 사진부터 찍고 책장에 고이 모셔 두었다.

지난 몇 년 전처럼 또 시간이 지나면 잊고 살겠지....
친구의 지갑 안에서 고이 보관되다가 지갑정리 할 때 버리기 뭣해 앨범에 보관했을 터,
그곳에서 수십년을 보내고 난 후 나와의 재회....
아~~~
이놈은 절친의 따뜻한 배려와 온정이 깃들인 영물일 뿐더러 나와의 질긴 인연의 끈을 간직한 보배다.
이제 사, 이 명함 한 장에 깃들인 의미를 부여하고 찾았다.

내 인생의 길라잡이 감독님

정 민 재(용인대학교 4학년)

때는 2018년 한참 태권도로 대학을 진학하기위해 서울 강서에서 인천 부평까지 다니며 운동을 하러 다녔던 때이다.
25살인 지금 돌아보면 2018년 한해는 인생에서 가장 임팩트 있었고 나 자신으로서 많이 성장 할 수 있는 한해였다.
그렇기에 여러 가지의 에피소드들이 있는데 그 중 하나가 문득 떠올라서 이렇게 글로 적어본다.
나와 뜻이 같아 대학진학을 코앞에 둔 나를 포함한 8명의 입시생들은 오후 2시까지 도장에 나와 운동을 시작했다.
오후 운동 때는 우리끼리 운동하되, 감독님이 정해주신 운동 프로그램을 하는 식으로 운동이 진행되었다.
하루에 8시간 가까이 되는 운동시간과 실기를 앞에 두고 있었기에 감독님이 짜주시는 운동프로그램은 하루하루 정말 타이트하고 힘들게 짜여졌다. 그래도 얼마 남지 않았고 조금만 더 힘내면 고지가 보이기에 하루하루 정말 열심히 운동했다.

그러던 어느 날, 우리끼리만 운동하고 감독님께서는 상담실에서 업무를 보시고 계셨다.
그때 우린 절대 해선 안 될 행동을 하게 되었다.
그날 했던 운동은 기본발차기 반복 숙달이었는데, 앞차기, 돌려차기, 옆차기, 뒤차기, 뒤후려차기, 돌개차기를 순서대로 양발 10개씩을 제자리에서 차는 운동을 하고 있었다.

매일 해왔던 기본적인 운동이었기에 우린 운동을 시작했는데. 왜 그날 유독 하기가 싫었던 건지는 모르겠지만 우린 돌려차기 다음 옆차기를 차야하는데 옆차기, 뒤차기를 넘겨버리고 뒤후려차기를 바로 차버렸다. 한마디로 감독님이 짜주신 프로그램을 무시하고 빨리 하고 빨리 쉬고 싶었던 마음이었던 것이었다. 그런데 우린 그때 한 가지 간과하고 있던 사실이 있었다. 태권도장에는 혹시 모를 사고와 감독님께서 우리가 운동을 잘하고 있는지 확인하는 CC-TV가 있었다는 사실이다.

뒤후려차기를 차고 돌개차기를 하던 그때 갑자기 감독님께서 나오시더니 '니들 뭐하냐..?' 라고 한마디 하셨다.

지금도 그때의 감독님의 말투와 분위기를 잊지 못한다.

한마디에 우리 8명은 그 어떤 얼음보다 단단하게 얼어붙었고 감독님께서는 우리를 포기하셨다는 듯이 '니들이 대학가지 내가 가냐? 하기 싫으면 하지마라 나는 신경안쓴다' 이런 식의 말을 남기시고 다시 상담실로 들어가셨다. 항상 우리에겐 무서웠던 감독님의 처음 보는 모습에 우린 너무 죄송하고 놀랐었다. 감독님께서 들어가시고 우린 멍~~해 있다가 우리끼리 얘기를 나누고 감독님께 가서 죄송하다는 말을 하고 우리의 느슨해진 정신 상태를 반성하게 되었다.

원래 해오던 감독님 스타일의 지도방식이 아닌 처음 보는 감독님 스타일에 우리가 정말 큰 잘못을 했고 실망을 시켜 드렸던 것 같아 너무 죄송한 마음이 들었었다.

그날 이후로 우린 운동을 열심히 하고 무사히 대학에 진학할 수 있었다.

화산문고 에세이시리즈
오늘은 술이 너무 달다

2024년 5월 16일 印刷
2024년 5월 21일 發行
지은이 정 용 갑
펴낸이 허 만 일
펴낸곳 화산문화

등록 : 1994년 12월 18일 제 2-180호
서울 종로구 통인동 6번지 효자상가 2층
전화 (02)736-7411~2

ISBN 978-89-93910-67-4
정가 15,000원